张莹◇著

出彩南昌县

历经沧海桑田的南昌县，
从历史的深处静静地走来，
不急不慢地向我们讲述那份专属于她的传奇故事。

经济日报出版社

图书在版编目（CIP）数据

出彩南昌县 / 张莹著 . -- 北京：经济日报出版社，
2016.1
ISBN 978-7-80257-732-9

Ⅰ . ①出… Ⅱ . ①张… Ⅲ . ①南昌县—概况 Ⅳ .
K925.64

中国版本图书馆 CIP 数据核字（2015）第 301499 号

出彩南昌县

作　　者	张　莹
责任编辑	晏杰然
出版发行	经济日报出版社
地　　址	北京市西城区右安门内大街 65 号（邮政编码：100054）
电　　话	010-63567683（编辑部）
	010-63516959　83559665（发行部）
网　　址	www.edpbook.com.cn
E - mail	edpbook@126.com
经　　销	全国新华书店
印　　刷	北京鑫瑞兴印刷有限公司
开　　本	710×1000 毫米　1/16
印　　张	15.75
字　　数	211 千字
版　　次	2016 年 1 月第一版
印　　次	2016 年 1 月第一次印刷
书　　号	ISBN 978-7-80257-732-9
定　　价	38.00 元

南新——“候鸟群舞”（胡敏华摄）

文化下基层（熊利民摄）

塔城——水岚洲日出（周胜华摄）

828 毛泽东旧居

昌南客运站（陶建平摄）

昌南杯洲际男蓝挑战赛（陶建平摄）

富兴蔬菜基地（曾绍民摄）

机械化插秧（周胜华摄）

丰收——青岚湖

机械化耕耘（周胜华摄）

南昌县 4A 景区凤凰沟——茶海

三江——蔬菜交易市场（周胜华摄）

舞龙（周胜华摄）

田园风光（廖淑敏摄）

农民趣味运动会（陶建平摄）

崛起的新城（廖淑敏摄）

莲塘——新城（周胜华摄）

特色养殖——鲟鱼

银三角立交

全民健身

小蓝——交易中心（周胜华摄）

过年民俗板凳龙（廖淑敏摄）

工业园（熊利民摄）

小蓝工业（周胜华摄）

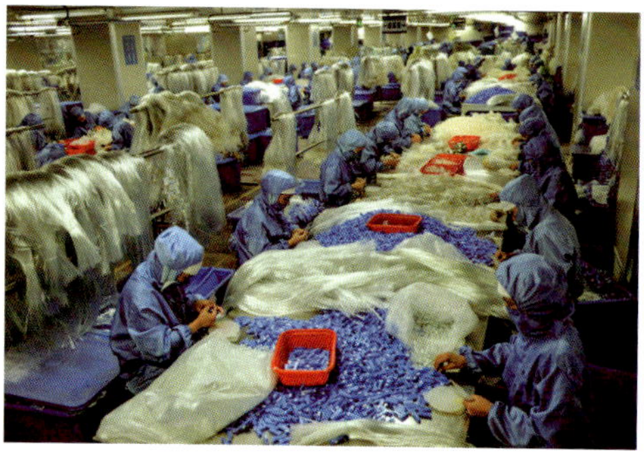

三江——三鑫医疗（周胜华摄）

队列——江铃汽车

宝江公司（羊光焘摄）

流水线——百事可乐

煌禽酱鸭——煌上煌

引言

长江，数千年来以自己甘美的乳汁无私的孕育着华夏大地，在人杰地灵的长江之畔，鄱湖之滨，有一个历史悠久、蕴藏着千年浓厚文化内涵的江南古城——南昌县。

南昌县位于江西省中部，地处赣江、抚河下游，濒临鄱阳湖，三面环绕省会南昌，区位优势明显，素有江西“首府首县”之美誉。全县国土总面积 1810.7 平方公里，占全省土地总面积的 1%，其中 94% 为赣抚冲积平原，耕地面积 101 万亩。2014 年末全县总人口 103.9 万人，占全省总人口的 2%，其中农业人口 82.9 万人。南昌县辖 16 个乡镇、1 个国家级开发区（江西南昌小蓝经济开发区）和 3 个管委会（银三角管委会、金湖管委会、银湖管委会），全县有 264 个村委会和 71 个居委会及社区。

南昌县交通便利，105、316、320 三条国道和京福高速公路在此交汇，京九、浙赣、皖赣等铁路穿越县境，以 6 小时行程对接长珠闽三角洲等发达区。境内有全国第二、江南第一的向塘铁路货运编组站，县城距市中心仅 15 公里，距江西最大的航空港——昌北机场仅 30 公里。

交通便利、经济发达、区位优势明显的南昌县不仅是个与时俱进的全国百强县，也是一个有着悠久历史和文化内涵的千年古县。她始于公元前202年汉大将灌婴筑城建县，至今有2200多年的历史。历代人才辈出，如“下陈蕃之榻”的徐孺子，出使金国不辱使命的京镗(宰相)，以主管国家财政政绩显著而升迁至副相的陈恕（其子陈执中后承父业，直至位居相职），骁勇善战而令倭寇闻风丧胆的刘显、刘挺父子，以文才冠绝一时并参与编辑《四库全书》的彭元瑞，以及近现代画家胡献雅、黄秋园，诗人公刘，还有在越自卫反击战中荣立一等功，获得“战斗英雄”称号的丁顺茂等，这些杰出的南昌县人都在各自的时代、各自的领域为祖国、为家乡增光添彩，他们都是时代的佼佼者。

南昌县人杰地灵，是南昌采茶戏的发源地，境内有古建筑、古遗址30多处，宗教文化、古村落等文化资源多样化，曹雪芹祖籍故居、明末清初所建的永木黎村等名胜古迹吸引了无数游人流连忘返。除此之外，全国最美乡村、著名画家黄秋园的故里黄马，樱花节响彻江西；宗教文化兴盛集聚地幽兰，常有慕名而来的虔诚拜谒者；现代农业示范庄园蒋巷，休闲垂钓闻名省内外。

二千多年的辉煌缓缓地在历史的长河中慢慢沉淀，积淀了厚重的文化底蕴，犹如一坛珍藏千年的美酒，千呼万唤，只为留与有缘人细细品味。没有铺天盖地的宣传，没有大张旗鼓的张扬，凭着岁月无声的打磨与洗礼，2006年南昌县被联合国地名专家组授予了“神州千年古县”的称号。或许冥冥中自有安排，这位羞涩的南国姑娘终有一天还是徐徐地揭下了面纱，再一次向世界展示她迷人的东方韵味……

历经沧海桑田的南昌县从历史的深处静静地走来，不急不慢地向我们讲述那份专属于她的传奇故事。

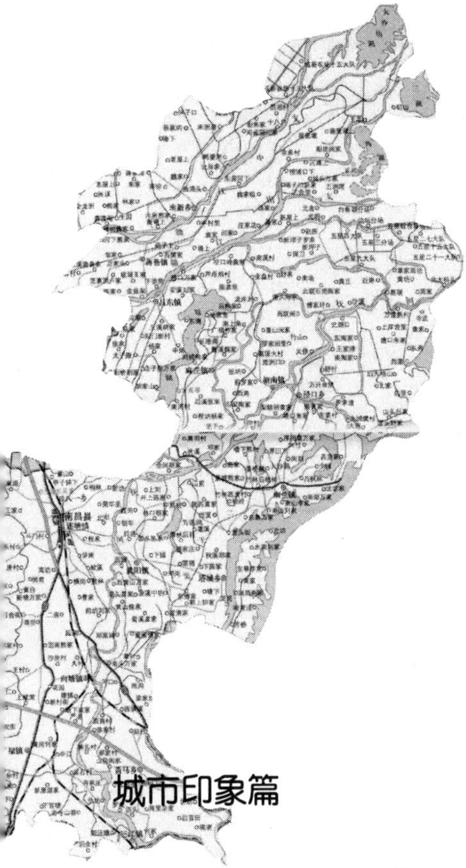

目录

城市印象篇

访谈篇之书记访谈

访谈篇之县长访谈

养。南明隆武元年（1645），爱国将领史可法受到把持朝政的马士英、阮大铖的排挤打击，督师扬州，他和欧阳斌元应召前往，建议用高杰、左良玉军夹攻南京，以清君侧。史可法未采纳，彭士望辞归。五年后，降清将领金声桓带兵反正，清兵二十万人围攻南昌，彭士望避难宁都，居翠微峰。在宁都与魏禧、魏际端、魏礼三兄弟以及林时益、李腾蛟、邱维屏、彭任、曾灿等九人志气相投，躬耕相食，论道讲学于宁都易堂，世称“易堂九子”。他致力于古文辞，尤精于《春秋》《左传》诸史。晚年讲求实用之学，反对空谈。著作有《手评通鉴》《春秋五传》《耻躬堂诗文集》等。

林时益：公元 1617~1678 年，字确斋。原籍南昌，后入宁都籍。明宗室益王后裔，原姓朱，名议，字作霖，人称朱中尉。父统为明崇祯十年进士，曾任江夏知县，为人超迈，敢言成败。时益自小聪慧，七岁待客，常与万元吉对奕，每站于凳上，旁若无人，挥子攻杀。万公赞其：“非凡儿也。”其父为戒防其骄傲，小时以“蠢”字之。及长，师事欧阳斌元，与彭士望同学。明亡，隐姓埋名，携眷同彭士望隐居翠微峰，与魏禧、邱维屏等人相讲习，为“易堂九子”之一。工书法，喜为诗，晚年又好禅，是文学家、诗人、隐士。康熙七年（1668）降诏，凡明宗室窜伏山林者，可还田庐，复姓氏。时益久客宁都，不愿归。卜居冠石，终身躬耕，非其力不食。冠石宜种茶，时益以意制茶。香味可与阳羡茶相比，世称林芥茶，销路很广。

著有《冠石诗集》五卷、《确斋文集》并行于世。

王猷（yóu）定：公元 1598~1662 年，字于一，号轸石，古南昌县人。明末清初散文大家，诗人。他出身于官宦之家，祖父辈科名显达，但他并不追逐功名利禄，却酷爱钻研学术。他自幼聪颖，很有才华，早年耽声伎，爱陆博，好仙怪。及长，转而“嗜两汉八家之文”，“惟以古人为事”。终生只是一个拔贡。王猷定的散文不为时文所左右，在清初文坛上独辟蹊径，别开生面。作品以新颖的内容，独特的手法，使文坛耳目一新。其中以论述奇闻异事的传奇性散文为突出。他的著作较多，现存《四照堂集》十六卷（文十二卷，诗四卷），是在他死后由友人周亮工搜集刊印的。王猷定爱好书法，其友韩程愈称他“临池之技，可以笼鹅”，把他同大书法家王羲之相比。但无墨迹存世。其散文成就不在所谓“散文三大家”（侯方域、汪琬、魏禧）之下，他的传奇性散文《汤琵琶传》《李一足传》《义虎记》等内容新颖、手法独特，一新文坛耳目，为明清文坛一代大家。

彭元瑞：公元1731~1803年，字掌仍，一字辑五，号芸楣（一作云楣），古南昌县人。清代大臣、学者，楹联名家。彭元瑞博学强记，时有令誉。纪昀为《四库全书》总纂官时，彭元瑞是十个副总裁之一。与蒋士铨合称“江右两名士”。

彭元瑞与其父彭廷训、弟彭元琉、子彭翼蒙，一家三代四人皆为翰林。成就较大者为彭元瑞。乾隆二十二年（1757）进士，选为翰林院庶吉士，继授编修。乾隆帝手谕嘉奖他为“异想逸材”，历任礼、工、户、兵、吏五部尚书，及《续三通》馆、《四库全书》馆、《清会典》馆总裁。嘉庆四年（1799）充《高宗实录》总裁。在朝有“智囊”之称，朝廷礼仪、制度等重大著作多由他裁定。

彭元瑞博学多识，精于古代器物、书画的鉴定， 乾隆帝六十、七十、八十寿诞时，他分别献上诗词《万福集成赞》《古稀颂》和《万寿衢歌》三百首，受到皇帝嘉奖。彭元瑞目录学功底极厚。根据内廷藏书及书画、鼎彝，辑《秘殿珠琳》《石渠宝籍》《西清古鉴》《宁寿鉴古》《天禄琳琅》诸书，他出力较多。乾隆中主编《天禄琳琅书目》及续编，互见别出，各有源流。前编书目10卷，400部；后编20卷，663部，各收书12258册。曾任四库全书馆副总裁，与纪昀称为“南北两才子”。收藏图书颇丰，自称“借抄范氏‘天一阁’、吴氏‘小山堂’、马氏‘丛书楼’、鲍氏‘知不足斋’，虽未能略备，然颇费心力，它日当结庐数楹其中，与乡人士共读之。”所藏之书皆手校手跋，收藏有宋元本众多，藏于“知圣道斋”中。所抄书有140余种，数千卷，版心有“知圣道斋抄校书籍”字样。有《知圣道斋书目》4卷，著录图书千余种，刻入《玉简斋丛书》中。作《知圣道斋读书跋尾》2卷，辑录其读书跋文113篇。辑刻有《钧台遗书》5种。藏书印有“南昌彭氏”“知圣道斋藏书”“遇者善读”“岁乡村夫”“知圣道斋抄校书籍”“彭之椿”等。晚年家贫，藏书归于朱学勤“结一庐”。他的诗文有《恩余堂辑稿》《经进稿》《宋四六话》《知圣道斋读书跋》等。

乾隆帝有“对联天子”之称，彭元瑞亦精于对联。一次，乾隆宴见词臣时曾出半联：“冰冷酒，一点水，两点水，三点水”，彭元瑞即席对曰：“丁香花，百字头，千字头，万字头”，顷刻间四座倾服。

彭元瑞卒于官，赠太子太保，谥文勤。

姚国美：公元1893~1952年，字公裳，号佐卿，南昌县人，名中医。

姚国美出生于中医世家，十八岁时以全优成绩毕业于江西医学堂，曾得到名医文霞浦的精心教诲，次年即独立开业行医，逐渐名声噪起。他操内、妇、儿科，精于诊察、遣药，往往医到病除。医学大家谢双湖称赞姚国美医术精湛。后来南昌有“请了姚国美，死了也不悔”的民谣流传。姚国美治病，取法和缓，精于诊察，遣药不敢稍有疏慢。他曾说过：“医和、医缓，古圣以此自称。议病果真，方药自然中肯。”20世纪20年代初，姚国美被公举为神州医药会江西分会会长。1929年国民政府意欲立法废止中医，他与医界及广大人士极力反对，始告寝息。同年，他带头捐赠三年诊金募化重修佑民寺，兼售中医书籍，并设门诊部为劳动群众治病。为改变中医教育靠“父传子、师传徒”的落后状况，以振兴中医，培养人才，他于1932年创办了中医专门学校，自任教务主任兼病理学、诊断治疗学教师。后又在庐山开办高级中医人材进修班，将优秀毕业生加以提高，其中姚荷生、张海峰、姚奇蔚、万友生、孙书伟、杨卓寅、王家瑞等，后来均为江西中医界的中坚。解放后，人民政府重视中医事业，创办了江西实验中医院，邀他出任院长，他由衷感激，欣慰平生夙愿在新社会得以实现。姚国美逝世后，留有中医教材《病理学讲义》《诊断治疗学讲义》等。

姚稚山：公元1870~1952年，号本崇，南昌县人；家世代中医，幼读书，攻科举，举廉生；后因废科举，秉承庭训，自小喜欢中医。即随父世培公游学直隶省大名府（今河北大名县），尽得其传。世培公悬壶直隶，享有盛名；祖父盛杰公亦为乡里名医，治病救人，随行方便，医术医德，誉满乡里。姚稚山于45岁时由河北返回故里，悬壶南昌，名满江城，抱济世之心，以精湛的医术，对妇科疾患及疑难杂症，莫不药到病除，当时就有"请了姚稚山，好似吃仙丹"之民谣，民间流传"姚稚山，医高尚；慷解囊，助学堂"的童谣。

1930年，姚稚山与姚国美、张佩宜等人创办神州国医学会，任该会监委主席，1931年，在刘文江、江公铁的支持下，创办江西中医专科学校。每日除处理校务，兼任教学外，还坚持应诊，以应诊所得充实办学基金。晚间，常编写教材至深夜。任教6年，为江西培养了大批中医人才，大都成为各地中医骨干。

姚稚山的医学思想和医疗方法具有独特见解著有《伤寒论补正》和《临证心得医录》二书。

胡献雅：公元1902~1996年，南昌县人，曾担任江西省第一届至第四届政协委员，江西省第五届人大常委、中国文联委员、中国美术家协会理事、江西省文联副主席、江西省美术家协会主席、江西省文史研究馆名誉馆长等职务。

胡献雅是中国画坛上屈指可数的名家大师之一，被人们称誉为当代的八大山人。他的诗、书、画及陶瓷彩绘蜚声海外，早已成了海内外名人和博物馆收藏的珍品。胡献雅大师系江西南昌人，1902年出生于书香门第，1925年毕业于上海美专，专攻花鸟，是我国国画大师刘海粟、潘天寿的得意门生。

早在二十世纪三十年代，胡献雅就在画坛崭露头角，与张大千、徐悲鸿、傅抱石、吴茀之、张书旗、陈树人等广结墨缘，切磋技艺。胡献雅与张道藩等数十人联名发起成立全国美术协会，并当选为中华全国美术协会第一届理事。胡献雅特别推崇明末清初写意画一代宗师八大山人的画品与人品，长期探索，身受其笔墨感染。胡献雅是南昌人，和八大山人谊属同乡，从小受到这位伟大的爱国主义画家的人品和画品的熏陶，又亲至青云谱朝夕钻研，深得其中三昧，故落笔成趣，妙入化机。1932年他在上海首次推出了个人画展，他的奔放大写意笔墨和潇洒浑厚的画面，使他在沪上一举成名。傅抱石当年曾在《中央日报》撰文，谓“胡献雅得八大山人之真传”。他的大写意《牡丹》被送往加拿大国际艺术博览会展出并获金奖。此后，连续六、七年胡献雅在上海、南京举办个人画展，他的艺术才华吸引了越来越多的中外人士瞩目。

四十年代开始，胡献雅潜心书画研究和教学。1943年秋，他在抗战年代的江西省省会泰和开创了江西历史上第一个美术专门学校“立风艺专”，亲自任校长兼教授，同时受聘为国立中正大学名誉教授。1943年，为庆祝中英、中美和平平等新约的签订，中国政府向英国首相邱吉尔和美国总统罗斯福分别赠送由胡献雅创作的《红梅图》《苍鹰图》两幅国画，其中《红梅图》现收藏在大英博物馆。当时国内曾放映在伦敦的赠画盛况的电影纪录片。

新中国成立后，胡献雅的作品更加充满时代气息，他的创作跃上了一个新高峰。1956年江西省文化局在南昌举办了解放后江西省第一次个人画展－胡献雅书画展，深得各界人士的赞誉。1960年为北京人民大会堂江厅作了《松鹰》《荷花翠鸟》两幅大型国画及书画屏风三套。大英博物馆、中国美术馆、毛主席纪念堂、国家文史馆、军事博物馆、北京饭店、江西宾馆、八大山人纪念馆、滕王阁、黄鹤楼、洛阳碑林、兰亭、庐山、井冈山等地都收藏了他的书画精品。1980年江西人民出版社为他出版了《胡献雅画选》；1982年美国《纽约华侨时报》连续三次刊载胡献雅大师国画佳作，并撰文评述“胡献雅大师是中国老一辈国画家中的佼佼者。”；1984年，中国美协、江西省文化厅、江西美协、景德镇市文联、陶瓷学院联合在北京中央美术学院展厅为他举办个人画展，不多得的笔墨造诣，得到蔡若虹、吴作人、刘勃舒等数十位著名画家、教授及广大美院师生及中外人士的高度赞扬。热爱中国传统文化的日本朋友十分欣赏他的书画艺术，经国家文化部批准，1988年10月在日本古都奈良举办胡献雅父子画展，日本美术界盛赞并尊称他是“继八大山人、石涛、吴昌硕流派中国画坛的巨匠”。

1958年胡献雅主持创办了景德镇陶瓷学院美术系，任教授。在瓷都，他巧妙地将国画艺术运用于陶瓷装饰，瓷与国画相得益彰，使这两种传统艺术开出了美丽的奇葩，开辟了国画陶瓷艺术的先河。他的瓷画代表作品被很多陶瓷馆及外国收藏家收藏，已成为艺术宝贵库中的绝世珍品。胡献雅为瓷都的繁荣做出了巨大贡献。

胡献雅大师的国画题材以花鸟居多，尤以《墨梅》《墨竹》见长。他所画的松、竹、梅、兰、翠鸟、雏鸡，寥寥数笔便生机盎然，笔简而意深，境虚而神旺，1979年著名国画大师刘海粟观摩了胡献雅作画表演后十分称赞，在他的画上欣然题词，并盛赞他为“上海美专之光”。胡献雅大师书画的独特风格，正如1993年他自己应江西八大山人纪念馆之邀所作诗画中题写的：“著墨无多天地宽，溪流洄合抱峰峦，平凡笔砚平凡景，怪底图成出异观”。他常教诲弟子：中国画以笔墨寄物象，国画到八大山人，在笔墨运用和意境上达到了前所未有的高度，八大山人削尽冗繁，返朴归真，一点一画，都是旨在邃摅心意，我们学习前人重在神韵，绝不能苟合取容，从俗沉浮。

著名画家兼美术理论家邓白教授撰文评价他“先生之画吸取了八大山人之精华，又跳出了八大山人之樊篱。”至今南昌青云谱八大山人纪念馆的主建筑物上仍悬挂胡献雅大师题写的“高山仰止”的匾额。

胡献雅精通国画，又善诗词，亦攻书法，堪称诗、书、画三通，他的作品很多都是诗书画三位一体的。他的题画诗，功力深厚，诗如其画。如题《忆写漓江》绝：“不到天南四十年，卧游放笔追心印，带水螺山落眼前。”写出了画家对漓江景色的怀念之情，遣词命意，极具自然，逸兴豪情，跃然笔下。又如题“墨猫”的一首五绝：“巨壑龙眠态，乌云盖雪毛，谁家愁鼠患？借与效微劳”，妙趣横生，把画题活了。他的书法艺术正如书法家曹淦源先生所评：“胡老书法擅长行草，取法怀素，上追二王，参合黄慎之体势，中锋用笔，老辣似枯藤，矫健如蛟龙，奔放潇洒，与其画交融为一体。”我国风景名胜地庐山、黄鹤楼、洛阳、西安等处都有他的作品刻碑陈列。

解放后，胡献雅大师曾担任中国文联委员、中国美术家协会理事、江西省文联副主席、江西省美协主席、江西省美协名誉主席、江西书画院名誉院长、江西省文史馆名誉馆长、庐山画院名誉院长、江西省政协委员、江西省人大常委、景德镇陶瓷学院国画教授等职。胡献雅大师留下的书画佳作，是祖国的文化瑰宝，翰墨飘香，艺映千秋。

蔡方荫：公元 1901~1963 年，南昌县人。中国科学院院士。中国人民政治协商会议第二、三届全国委员会委员，土木建筑结构专家，中国力学专家、教育家。土木建筑结构专家。

1925 年毕业于北京清华学堂（现清华大学）土木科，后赴美留学，于 1928 年获美国麻省理工学院土木工程硕士学位，并在纽约珀迪·亨德森事务所任顾问工程师。

1930 年归国，任东北大学、清华大学土木工程系教授、主任和工学院院长，另执教于西南联合大学、国立中正大学（现江西师范大学的前身）等校。

1949 年新中国成立后，出任南昌大学工学院院长。

1951 年后，蔡方荫出任中央重工业部顾问工程师。

1953 年发明了“砼”字。这是一个重大的发明，把“混凝土”简化成了“人工石”：“砼”，并得到广泛应用。（1985 年 6 月 7 日，中国文字改革委员会正式批准了“砼”与“混凝土”同义、并用的法定地位。）

1955年选聘为中国科学院技术科学部院士（学部委员）。

1956年起任建筑工程部建筑科学研究院副院长兼总工程师等职，成为《土木工程学报》首任主编。

1957年加入九三学社。

蔡方荫对工程结构力学，特别是变截面刚构分析和桁架刚构分析颇有造诣。著有《普通结构学》《变截面刚构分析》《变截面刚构分析续编》《钣梁之理论与分析》《装配式楔形杆铰接框架》等以及工程结构研究方面的论文多篇。

黄秋园：公元1914~1979年，著名国画大师，名明琦，字秋园，号大觉子、半个僧、清风老人等。南昌县人。黄秋园生前困顿，但孤介不媚时俗。远离名利，不求闻达，一受到地方美术界少数人排斥，去世前未吸收为地方美协会员。逝世五年后，他的作品公诸于世，震撼整个中国画坛。一代宗师李可染先生叹出：“国有颜回而不知，深以为耻”。

1987年中央美术学院追聘秋园先生为名誉教授。中国画研究院追聘秋园先生为荣誉院委委员。

1987年中共江西省委宣传部，江西省文化厅决定批准在南昌建立“黄秋园纪念馆”江西人民政府、南昌市人民政府先后将“黄秋园故居”，黄秋园居室列为省级、市级文物保护单位。

人民美术出版社、台湾锦绣出版社联合出版的《中国巨匠美术周刊》中被列为自晋代、唐、宋、元、明、清至近代的一百位中国美术巨匠之一。

黄秋园的祖父曾任两广总督府参事，父亲毕业于江西法政专科学校，曾任吉安县、丰城县县佐，警佐等职；后弃政在南昌剑声中学教书，母亲为家乡贤达。

秋园先生幼年启蒙于私塾，后就读南昌滕王阁小学，毕业于南昌剑声中学，失学后曾在裱画店学徒一年。

秋园先生从小酷爱绘画，十多岁就从师父亲好友左莲青先生（亦为中国画大师傅抱石之师）学传统中国画，由于其绘画悟性好，艺术较为超然，十九岁就开始卖画为生，作品颇为畅销。

1983 年经伯父介绍考入江西裕民银行工作，任文书。曾经担任过江西裕民银行物资调拨处主任。新中国成立后为南昌市人民银行科员，行政十九级；直至 1970 年退休。

秋园先生毕生业余从事绘画，长于山水、工笔、写意兼擅；水墨、青绿并能，其界画（界画：中国画技法名。中国绘画很有特色的一个门类。指用界笔直尺划线的绘画方法。）功力为现代仅见；而且兼工人物、花鸟，能诗善书，精古字画鉴赏，业余政治评论、修养全面。

抗战期在泰和，赣县参加过抗日义卖画展，其作品被抢购一空，所卖款项均赠难民救济会。当时报刊对秋园艺术有专文介绍。

20 世纪 60 年代黄秋园先生发起创办了“南昌书画之家”“南昌国画研究会”等民间组织，曾出席江西省第二届文代会，为列席代表。

1962 年，随江西其它画家赴井岗山写生，同年赴沪与上海中国画院画家贺天健、王个簃、唐云等进行艺术交流。

黄秋园先生生前困顿，但孤介不媚时俗；远离名利，不求闻达，受到地方美术界少数人排斥，直至去世前也仍未吸收为地方美协会员。

黄秋园先生被人民美术出版社、台湾锦绣出版社联合出版的《中国巨匠美术周刊》中列为自晋代、唐、宋、元、明、清至近代的一百位中国美术巨匠之一。

黄秋园擅长山水、人物、花鸟、书法。尤以山水画成就最高，影响最大。其山水画由传统入手，开创出个人风格强烈的画风，正如李可染评价“有石溪笔墨之圆厚、石涛意境之清新、王蒙布局之茂密，含英咀华，自成家法。”

在创作中，黄秋园尤以巨幅为胜，构图布局往往顶天立地，整幅落墨，点线密集，不留空白，所谓上不留天，下不留地。其布局满实在现代国画家中无有可匹者，然茂密处透露出浓淡深浅的灵气，故有“天满一星”画家的最高称誉。他的山水往往“以元人笔墨，运宋人丘壑”，章法茂密、点线绮集、满幅经营、繁而不乱。画中人物虽小，然仍能形神兼备，无一懈笔。

黄秋园还独创了一种有别于历代名家的皴法新技法“秋园皴”，生前编著了《中国山水画传统技法》一书。

公　刘：1927 年 3 月 7 日—2003 年 1 月 7 日，当代著名诗人、作家。原名刘仁勇，又名刘耿直。南昌县人。1939 年开始写诗。1946 年半工半读于中正大学法学院，并投身学生运动，1948 年初流亡上海，旋赴香港参加中国共产党领导的全国学生联合会宣传部工作。广州解放后，参加人民解放军，随部队进军大西南。西南边疆的生活体验给了他创作的灵感。1954 年加入中国作家协会，并出版了他的第一部诗集《边地短歌》；1955 年，《人民文学》连续发表了他表现边疆战士生活的三个组诗：《佧佤山组诗》《西双版纳组诗》《西盟的早晨》，这些作品，使他成为西南边疆诗人中最早获得较高评价的诗人。同时，他参加了民间长诗《阿诗玛》（与黄铁、杨智勇、刘绮共同整理）的收集、整理；又以民间传说和歌谣为基础，写作了长诗《望夫石》。此后他又出版了《神圣的岗位》(1955)、《黎明的城》(1956)。1956 年到解放军总政治部任职，1957 年被打成“右派”。1978 年回归诗坛以后，出版的诗集有《在北方》《公刘诗选》《尹灵芝》《白花・红花》《离离原上草》《仙人掌》《母亲—长江》《骆驼》《大上海》《南船北马》等。

公刘的诗有着鲜明的个性特色。首先，他的诗意象奇特，想象丰富。他善于捕捉生活场景中的特殊细节，带有生动性、具体性，在他的代表作《上海夜歌 (1)》中：“上海关。钟楼。时针和分针，/ 像一把巨剪，/ 一圈，又一圈，/ 铰碎了白天。// 夜色从二十四层高楼上挂下来，/ 如同一幅垂帘，/ 上海立即打开她的百宝箱，/ 到处珠光闪闪。// 灯的峡谷，灯的河床，灯的山，/ 六百万人民写下了壮丽的诗篇：/ 纵横的街道是诗行，/ 灯是标点。”全诗只十二行，诗人便精确地捕捉到富有新上海特征的具体形象：入夜后，上海高耸的钟楼，长长的街道，穿梭的车辆，“到处珠光闪闪”，富有立体感地概括了上海夜晚动人的景色。其次，公刘的诗构思奇巧，富有哲理意味。他善于从一个极其平常的生活场面出发，由实到虚，由感性描绘升华为一种明晰的思想和社会意义。典型的如《五月一日的夜晚》：“天安门前，焰火像一千只孔雀开屏，/ 空中是朵朵云烟，地上是人海灯山……// 羡慕吧，生活多么好，多么令人爱恋，/ 为了享受这一夜，我们战斗了一生”。通过酣畅流利的笔触把生活实景升华为一种崇高的精神信仰，这和时代的诗歌观和审美观相符合。

公刘的诗歌直接影响了当时许多军旅诗人的创作。1956 年之后，他的诗不再是单纯的、一味的歌颂，而是在肯定新生活的同时，对生活中的负面现象发出了质疑；他不再是“西盟的早晨”里那朵奇异的云彩，而是一个能“敲出金属的铿锵”的“白杨”。愈到后来，他的诗便愈见冷峻敏锐。

丁顺茂：公元 1954～1979 年，江西南昌幽兰乡枫林村上丁家人。荣立一等功，获得“战斗英雄”称号。1975 年 1 月，应征入伍，在中国人民解放军 32713 部队 88 分队服役，受嘉奖三次，提为班长。1978 年 6 月，加入中国共产党。1979 年 2 月，调入 33746 部队 61 分队四连三排，开赴广西省宁明县中越边境前沿阵地，投入对越自卫反击战。1979 年 2 月 27 日晚，三排奉命协同攻占柯来西南侧的无名高地，战斗持续了一夜。28 日晨，丁顺茂为掩护战友张永潮炸毁越军火力点，端起机枪迂回进击。在抢占有利地形时，不幸连中三弹，鲜血直流，他不顾个人安危，用左膝顶住伤口，操起机枪，继续向敌人扫射。暗堡里的越军不断扔手榴弹，丁顺茂的腹部被弹片炸伤，肠子外泄。他用惊人的毅力，左手捂住肠子，就地卧倒，右手继续射击，封住了敌人的火力。

当战友们赶来为他包扎时，丁顺茂因流血过多，以射击姿态伏地，壮烈牺牲，时年25岁。连队党支部追认他为中共正式党员。1979年4月1日，中国人民解放军总政治部给丁顺茂追记一等功，授予“战斗英雄”称号。

民风民俗

黄河阵 在南昌县蒋巷镇北望、白岸等地，流传着一个古老的习俗，每年的正月初四到初六，在村落边的河滩沙地上，摆上据说从上古流传下来的黄河阵。灯阵由1.3长的竹竿构成，大约每间隔一米就竖着一根或红或绿的竹竿，竹竿上面则有一盏莲花底座的油灯。灯阵由99个弯，一直走完别回头，象征着一帆风顺、幸福平安。还有人说，九曲黄河阵是因其路线三回九转，寓意天下黄河九十九道弯而得名。

据当地传说，黄河阵由通天教主金箫、银箫、碧箫三姐妹所创。商代末，通天教主的三名女弟子金箫、银箫、碧箫（又称三箫娘娘）为了替死在姜子牙手下的兄长赵公明报仇，在两军阵前大摆黄河大阵，让西周军队吃尽了苦头，最后原始天尊亲自来助西周，黄河大阵才破。北望村的黄河阵彩灯就是依照古代流传下来的黄河阵势图来摆设的，经几千年沿袭至今。黄河阵彩灯传承人之一涂传凡解释，“千百年来，三箫娘娘被视为平安、幸福的庇护神，所以黄河灯也叫幸福灯、平安灯。”

摆灯阵首先选一处较宽敞的平地，将361根竹竿等距离栽成一个四方形阵图，并按照一定规则用细绳连接成九个盘环的曲阵。一排栅栏与另一排栅栏之间留出弯弯曲曲的通道，好像一个很大的城郭。大城郭内又分九个小城郭，而小城郭的门径、走向各不相同，好像道教阴阳太极图的变阵，一个大的太极图中包括了九个小太极图。灯阵设有入口和出口两个大门，游者从入口进入，沿着布满疑点的路线走下去，可游遍整场。

灯阵的每根秸秆上都用木托托起一个灯盏，灯阵正中则有一个四方形的高台，四角各挂一只大红灯笼，共365盏灯。一盏灯代表一天，

365 盏则象征着一年。彩灯在夜幕下显得五光十色、万紫千红。如恰遇瑞雪，盏盏灯火，更富有诗情画意。

锣鼓十八番 锣鼓十八番是独具地方特色的民间打击乐器表现形式，明代中后期开始在南昌县广为流传，至今已经有三百多年历史。迄今，南昌县八一乡胡华村、塔城乡凤岗村、冈上镇黄台村等地都有锣鼓十八番。十八番锣鼓通常以板鼓、堂鼓、大锣、小锣、大钹、小钹、云锣七件为一套；依据所用乐器不同，又分为“清锣鼓”和“丝竹锣鼓”两大类。只用打击乐器演奏的为“清锣鼓”；增加了二胡、草胡、中阮、三弦、笙、唢呐等演奏的称“丝竹锣鼓”。

锣鼓十八番每一个曲调叫一个“牌子”，或一个“番子”。传统的锣鼓演奏曲牌有《喜笑颜开》《细雨点花》《九连环》《蜻蜓点水》《金雀报喜》《凤还巢》《鱼咂嘴》等十八个番子，统称“锣鼓十八番”，成为民间定型的锣鼓经。其曲牌众多，打法独特，气氛热烈，表演丰富，形式多样。既可单独表演，也可为民间歌舞伴奏，是南昌县地区欢度节日、婚庆喜事中的一种世代相传演奏技艺。

锣鼓十八番植根于乡土文化之中，具有浓郁的生活气息，经过数百年的传承发展，从简单的器乐敲击到曲调完整、特色鲜明的器乐套曲，凝结了劳动民众的智慧。其表演简朴无华，活泼生动，深受广大群众的欢迎。现存比较流行的曲牌有“喜笑颜开”“细雨点花”等，对研究明清及近代民间音乐和当地的民俗风情具有极高的价值和深远意义。

三江抬故事 三江抬故事自唐末宋初便流传于三江镇南街村，每年正月十三和农历八月十八是三江镇南街村蔡家举行抬故事的日子，至今已流传近千年之久。

抬故事，顾名思义就是将装扮成故事里人物的演员，用故事架（一张四方的桌面，面积约 130cm*130cm，四个桌腿很短，约 20cm 高；四周围了一圈矮矮的铁栅栏，约 10cm–15cm 高，以保障演员安全；桌面中间竖有一到两根木桩，用来固定站在桌面上的演员，使其保持站立姿势不滑倒；故事台左右两边套有麻绳，供扁担穿过）抬起来，到处游行。抬故事的内容取材于历代传说中的神话故事、古典戏曲及现实生活中的英雄人物或情节，是当地农民喜闻乐见的一种传统习俗表演。

塘南贺郎歌　塘南贺郎歌流传于南昌地区乡村民间，是一种传统民间艺术表演形式，是南昌县塘南镇、塔城乡、冈上镇等地举办婚庆礼仪、洞房花烛之夜众人表达对新人美好祝愿的必备传统节目。其曲目众多，歌词文采飞扬，表现形式丰富、气氛热烈。这些优美欢快的曲调都是劳动人民长期积累的智慧财富和知识结晶，是一份极其宝贵的历史文化遗产。

塘南贺郎歌多为一人领歌，众人喝彩，并有唢呐伴奏。以唱两首贺郎歌吹奏两首唢呐伴奏音乐交替进行为表演形式。贺郎歌的曲调固定，但是歌词却千变万化，丰富多彩。简单诙谐的曲调，曲调文雅，无固定的歌词，很多都是即兴所作。嬉笑逗趣的唱词，默契整齐的喝彩，与唢呐动听的旋律交汇融合，欢快喜庆。

早在南宋末年，贺郎歌就在塘南镇柘林街流传。据塘南贺郎歌第十四代传承人李寿印介绍，塘南贺郎歌自其祖先宋朝末年在此定居开始就有了，世代家族相传，形成了独具浓郁地方特色的艺术表演形式。

贺郎歌的歌词的内容多种多样，最初大多是夸赞新人的优秀品质，和教导新人如何更好经营婚后的生活。经过几百年的世代相传，塘南贺郎歌的歌词就不再局限于对新人的祝福，也开始出现多元化的贺郎词，谈古论今，评议时事，赞美新社会。贺郎歌多为一人领歌，众人喝彩，并有唢呐伴奏。以唱两首贺郎歌吹奏两首唢呐伴奏音乐交替进行为表演形式。

每逢村里有人嫁娶，良辰吉日的当夜，众多亲友、同村邻里都前往东家庆贺。大家欢聚一堂，锣鼓唢呐齐奏。

贺郎歌的演唱一般分为两个阶段，第一阶段自由演唱。在傧相领唱之后，大家自由唱贺，愿意先表达心意和祝福的亲友张口就来。唱词种类繁多，有的唱历史名人典故，有的赞美风土人情，有的唱古颂今，有的现编现唱，大家你来我往，其乐融融。第一阶段的唱词里面都需要与堂屋内点燃的一对花烛有关，寓意是新人像花烛一样，成双成对，白头到老。

第二阶段为传花演唱。当自由演唱阶段进行了一段时间，每位宾客基本上都唱过一遍之后，就进入第二阶段。第二阶段采用的是“传花”形式，即把新郎官“官帽”上的绒花，取下插在一块新鲜的豆干上，用一个托盘装好，逐桌传送。一般是由上座的长辈开始，依次往下传送。传到哪一桌，哪一桌必须要派一个代表唱贺郎歌。如果有哪一桌宾客都唱不出来，就要接受周围宾客齐唱贺郎歌嘲笑打趣。这个阶段的贺郎歌唱词里面都需要与传送的花有关。

两个阶段的贺郎歌唱完，宴席也差不多结束了。接下来将新郎新娘送入洞房，傧相就会组织众宾客开始闹洞房。一般闹到凌晨，傧相会用一对贺郎歌来作为整个大婚之日的结束仪式，送走宾客，请新郎新娘入房休息。至此，整个大婚之日的所有仪式才算完成。

祭轿　“祭轿”最早是在清朝乾隆年间兴起于南昌县八一、莲塘、向塘、武阳等乡镇的一种古老的婚庆仪式。结婚当天，男方在迎娶新娘之前，停放在大堂上或是大门口的花轿在未出发之前要进行“祭轿”这一婚仪程式。

“祭轿”仪式具有浓厚的乡土气息和地方特色，以及广泛的群众参与性。祭轿仪式一般有三个步骤：一、洒酒祭轿；二、燃烛照轿；三、彩绢掸轿。人们对祭轿仪式非常虔诚。洒酒祭轿以求天助神佑，赐给新婚家庭幸福美满的生活。照轿、掸轿则有驱邪除晦、永保平安的意思，选择执仪者是件大事。执仪者的标准是全村公认最有福气的中老年妇女：需多儿女，子孙满堂，无病无灾，三代同堂。

“祭轿”仪式一招一式都充满了舞蹈性，整个过程辅以唢呐锣鼓吹打助兴，集舞、乐于一体，更增添喜庆气氛。作为南昌地区特有的一项民俗活动，其萌生、发展和不断创新，经历了数百年，与南昌县民俗文化发展息息相关，并与其他民俗文化一道体现着南昌地区的文化传统。

南昌采茶戏　南昌采茶戏是江西地方戏曲剧种之一，俗称“灯戏”“三角班”，距今已有300多年历史。清代乾隆年间，南昌县塔城乡凤岗村刘蜀陡等人合办岗下刘家戏班，编排大戏演出，演员行当由二旦（青衣、花旦）和小丑，增加了小生、老生、大花、小花彩旦等行当，一直沿用至今。1927年南昌采茶戏从乡村进入南昌市，1953年，被正式命名为南昌采茶戏。2008年被列为江西省第二批非物质文化遗产保护项目。

作为南昌采茶戏的发源地，南昌县好几代人都是听着采茶戏长大的。但随着时代的飞速变革，老一代人挚爱的采茶戏现今的发展似乎有点令人担忧。传承与发扬，涅槃与新生，是南昌采茶戏现在所面临的抉择。所幸的是，南昌县人民一直在为此努力着，为了这历经百年一辈辈传下来的文化，也为了这数百年后依旧能够魂魄相继、血脉相成的文化。

南昌县采茶剧团是南昌地区唯一保留运营的县级专业剧团，也是省级非物质文化遗产——南昌采茶戏的传承基地。该团每年在基层演出160余场，观众几十万，为巩固老戏迷、培育新戏迷，宣传、保护、传承传统“非遗”，数十年如一日的辛勤工作着。为了能让城市观众能家门口亲身体验，积极推动城乡文化互动，积极组织开展了一系列演出周活动，为南昌人民奉上了许多精彩剧目，《哑女告状》《排环记》《秦香莲》《麻疯女》《红丝错》等经典剧目更是引发了大家的观剧高潮，《江西日报》为此以《南昌县采茶剧团“进城赶考”，成绩优秀》做了大篇幅报道。

板凳龙　位于鄱阳湖流域美丽青岚湖畔的南昌县塔城乡北洲村村

民世代以捕鱼为生，古朴的“板凳龙”历史源远流长，从明代嘉靖年间一直流传至今，已有五六百年历史，是村民祭祀祖先、传承祖业、祈求平安的一个传统习俗。“板凳龙”全长800-1000m(420-500板)，每板2m，4盏灯笼，演出时间为每年农历正月初七晚上，共有600多人参与演出，人们以舞动“板凳龙”来展示村里人丁兴旺、生活富裕、邻里和谐，表达新春的祝福和企盼。

每逢农历正月初七，北洲村家家户户都要做好一节“板灯”，每节不带脚的板凳上都装有四个灯笼，两端各一个洞，有嫁娶的人家还要在灯笼上贴上大红喜字。当天一大早，每户人家就开始备好满桌的酒席，邀请亲朋好友前来做客看灯。傍晚5点钟，在龙头的引领下，每户的男丁都把自家的“板灯”扛到村中央的马路上集合，用棍子把一节节“板灯”串起来，组成一条六百余节、长约1200米的“板凳龙”，走村串户，家家户户燃放烟花爆竹欢迎。最后走到空旷的地方，欢快地舞动起来。

灯棍节　南昌县向塘镇黄堂村邓家自然村世代以捕鱼为生，灯棍节最早起源于清乾隆年间，是村里祭祀祖先、传承祖业、祈求平安的一个传统习俗。

每年的正月十二下午两点，村里的男丁纷纷聚集到村前广场，用鱼叉把直径1.5尺、长约36米的灯棍平地叉起，树立在村前广场。灯棍共分三节，顶端一节为竹子，寓意竹保平安，来年节节高；灯棍竖起后，底部四周绑上硬木棍，用木槌夯实，最后挂上灯笼。整个仪式大约十分钟。

仪式结束后，村里敲锣打鼓、燃放鞭炮，并请来戏班唱戏三天，以示庆祝。

正月十六零时，放下灯棍，意思是春节已经过完，人们又要开始为一年的美好生活忙碌起来。

文化旅游

南昌县境内地势平坦，水面辽阔，境内山清水秀，名胜古迹较多，是南昌市县级保护完整文物保护单位存量最多的一个县，主要旅游风景点有：凤凰沟风景区，澄碧湖公园，武阳曹雪芹祖籍曹骆村，幽兰镇东禅寺、地藏寺、龙华寺，塘南令公庙，冈上月池“教授”村、道士洲森林公园、蝉师岭风景区，黄马白虎岭风景区，广福永木黎村唐永王李磷故居；三江后万古村等等。我们“纸上谈兵”，简单为大家介绍一二。

（一）自然风光让人赏心悦目

喜欢自然的朋友们可以畅游凤凰沟风景区、澄碧湖公园、黄马白虎岭风景区、幽兰马游山风景区等有山有水的观光胜地。

凤凰沟风景区　凤凰沟风景区，是国家4A级旅游景区，全国休闲农业与乡村旅游示范点、全国科普教育基地。占地面积8平方公里，位于南昌市的东南面，距市中心八一广场仅35公里，交通十分便捷。园内绿树成荫，山清水秀，鸟语花香，环境幽静，空气清新，且四季有景有花，春季有让人陶醉的玉兰、碧桃、梨花、樱花及海棠等；夏季有烂漫的紫薇、木槿及荷花；秋季有芬芳四溢的桂花，火红的枫林，金黄的银杏林等；冬季有茶梅、茶花、梅花等。常年有果，冬春有草莓，夏日有桑椹、桃、杨梅、早熟，秋天有柑桔、柚子和柿子。整个园区具备了生态优美、科技优秀、文化深厚的特色，具备了开展农业观光、休闲、体验、科普的良好条件，并被评为“全国科普教育基地”，被誉为“生态宝园”“人间仙境”。它是江西省最大的观光农业类人文风景旅游区，主要包括有“观赏植物展示园、生态养猪示范园、生态茶业展示园、果业展示园（百果园）、白浪湖度假村、水稻高产创建示范园、蔬菜瓜果展示园、农机展览馆、水产展示园（渔乐苑）和高效蚕业展示园”十大科技园区。

每年3月中旬，樱花盛开时节，凤凰沟景区会举办樱花节系列活动，赏花的时候并有精彩文艺表演相伴，别有一番滋味。每到樱花绽放时节，景区里百余亩株樱花一齐争艳，变成一片樱花的海洋，雪白的樱花簇簌地飘落路上，美轮美奂。

景区还有许多体验项目：真人 CS 丛林野战、地震科普、生态跑跑卡丁车、游船、茶海迷宫探秘、采茶制茶、植树、园艺 DIY、无患子天然手工皂制作、水果采摘（草莓、桑葚、梨、桔子、杨梅等）、垂钓、烧烤、篝火等。另外景区特产也十分丰富，有桑叶桃酥饼、桑叶茶、桑果糕、无患子天然手工皂、蚕丝被、茶叶、桑果汁、桑果醋、桑叶面、桑葚冰酒、茶叶枕、蚕丝枕、蚕砂枕、丝巾、领带、彩色丝茧球、美容丝茧等，让人不由地发出不虚此行的感叹！

黄马白虎岭风景区　白虎岭距南昌市区 42 公里，是地处鄱阳湖盆地的南昌县唯一的山区，位于南昌县黄马乡境内。由北远眺，如龙游平川；从西近观，似卧虎临水，独具姿色。森林覆盖率 93.1%。森林涵养了水源，林区水库容量 716 万立方米的大小水库 13 座，一年四季山清水秀，自然生态环境非常协调，被国家定为一、二级保护动力的珍贵、濒危野生动物在林区繁衍生息。黄马白虎岭风景区现在已经成为方圆百里人们春季踏青、夏季避暑、秋季登高、冬季观绿的旅游休闲胜地。

幽兰马游山风景区　马游山风景区位于南昌县幽兰镇，地处碧波荡漾的青岚湖畔，距省会南昌市 20 公里，北靠南峡公路，距南昌昌北机场仅 30 公里。因朱元璋与陈友谅大战鄱阳湖在此游过战马而得名，总面积 3000 亩。山上果树成荫，瓜果飘香，以盛产梨、桃、柑桔、板栗等为主。每年春天时节，山上红、黄、白三花（桃花、油菜花、梨花）竟相开放，绚丽多彩，形成一幅美丽的图画。山的南端是远近闻名的佛教旅游胜地—岘山东禅寺，这里有近五亩的翠竹林，有千年银杏、明代古桂，清代的老梅，是南昌地区著名的旅游景点。

江西国鸿生态园　江西国鸿生态园位于风光秀丽的南昌县蒋巷镇内，占地 800 余亩。园区内山丘起伏，树林密布，清 澈小河贯穿全园，空气清鲜，气候宜人。春赏花，夏采摘，秋美食，冬疗身，内有星级标准的标间、单人间、豪华套房共 82 间，四季宜人高档别墅 3 栋，享有田园生活返璞归真的优雅木屋4栋，及可容纳280人的会议大厅和容纳60人的VIP会议室，是一家集农业旅游、生态旅游、休闲度假、会议于一体的一流现代化和谐生态农业旅游基地。

湖光山舍田园农庄 湖光山舍田园农庄位于江西省南昌县蒋巷镇西大道，拥有350亩自然生态园地，是一座乡村、田园风情十分浓厚的休闲度假农庄，也是集客房、餐饮、会务、游乐、温泉、拓展、垂钓、演出、种植、养殖等项目为一体的休闲农庄。2015年5月，农庄推出了020私人订制农场，市民可通过手机软件进行“线上”操作，实现种菜等线下活动，收获的蔬菜可直接配送至市民家中。

玉明生态园 玉明生态园又名魏家山庄，位于南昌县塔城乡，距离市区仅35公里，拥有1100亩水面，150亩葡萄园，350亩蔬果种植基地，2000亩特种养殖，目前已形成了葡萄园区，生态农业园区，特种养殖区，水上运动区，休闲娱乐区和乡村旅游6大区域。采用上海七海生物科技科研成果，栽桑养蚕喂鸡，生态放养；利用农家废弃的稻、豆、玉米、花生等秸秆为饲料养殖，变废为宝，年出栏万头，尚属江西首列。生态园临青岚湖，青岚湖属鄱阳湖支流，每年秋冬季节，成千上万的候鸟在这栖息，观赏候鸟也成为玉明生态园秋冬季节的一个主要项目，吸引了来自省内外众多摄影爱好者。

澄碧湖公园 澄碧湖公园位于南昌县莲塘镇，总面积1500亩，是一座以休闲娱乐为主题的多功能生态公园，于2004年6月1日建成对外开放。公园分南北两苑，南苑又名文化广场，面积120亩，四面环水，三桥贯通，供市民休闲娱乐。北苑紧靠澄湖北大道行政办公区，规划面积238亩，以集会升旗、休闲观光等功能为主。中心建有湖心岛，占地50亩，设置了一套齐全的健身设施，种植了大量观赏花卉树木。公园安装射灯、景观灯、泛光灯2400盏，种植樟树、八月桂、银杏、乌桕、杜英等大乔木3800多株，灌木造型1.5万平安米；公园内还栽种杜鹃、红继木、金边黄杨等灌木66万株，草坪面积达12万平方米。

（二）人文历史让人沉醉其中

对历史感兴趣的朋友，在这个有着两千多年历史的古城中更是能找到属于自己的那份岁月见证。

三国东吴墓　三国东吴墓位于南昌县莲塘镇小兰村，墓室坐北朝南，整个墓占地117.8平方米。1978年底，小兰乡开山造田时因推土机推开墓顶而发现此墓。该墓平面呈十字形，攒尖顶式砖石藻井，有中室、前、后室和东、西室，西室后另有一小耳室，铺地砖为人字形排列，整座墓葬保存基本完好，该墓早年曾经被盗，清理时在东、西室发现多块青瓷残片，后在完全封闭的小耳室内清理出青瓷四系罐、青瓷盘口壶等23件完整的文物，其中多件为一、二级珍贵文物。三国东吴墓是江南地区不可多见的早期贵族砖石墓。

1987年12月28日，江西省人民政府将其列为“江西省第三批文物保护单位”，原公布名称为“小兰东吴墓”。

唐永王墓　唐永王墓位于南昌县广福镇板湖村黎家自然村西约200米处。1982年文物普查时，在永木黎家自然村的吴家山缓丘上发现唐墓一座，经与史料对照，知此为唐玄宗李隆基第十六子永王李璘之墓。当时该墓的封土高2.8米，直径16.7米，宽12米，呈椭圆形，周围均系旱田或稻田。

1995年和2002年，南昌市文化局共两次拨款对其进行维修，2005年再次维修，始为现状。唐永王墓不仅是大家旅游长见识与历史的一次亲密接触，更对研究唐初的政治、军事、经济、文化具有重要意义。1985年12月10日南昌市人民政府洪政发【1985】72号文件将“唐永王墓”列为南昌市第一批文物保护单位。

原本堂　原本堂位于南昌县武阳镇郭上村钟家自然村中部南侧，武阳镇郭上钟村的钟氏宗祠。该建筑坐北朝南，成长方形，南北长，东西窄，建筑面积832平方米，南面正大门外3米处另建围墙。据称，最早的钟氏家族宗祠为唐代始建，现建筑为民国三年（1914年）重建，民国六年（1917 年）竣工。

原本堂主体为抬梁穿斗式木构建筑，面阔三间，共四进。外墙为特制的青灰色砖砌成，砖体上阴模“原本堂”字样清晰可见。原本堂是江南地区典型的祠堂建筑，气势宏伟，内部木雕和石雕非常精美，组合得体，建筑主体保存完好，是研究江南地区祠堂建筑的重要实物资料。喜爱古建筑的朋友们可以大饱眼福了。

月池“教授村” 南昌县岗上镇月池村，得名于村前的一口星月形池塘，村中熊式家族自古以来就人才辈出，清朝时考上进士，榜眼，探花，举人和秀才者不胜枚举。“大夫第”的排房竟然连成了片，下雨时，可以一路不打伞而不湿衣。现在的月池熊家，却是远近闻名的“教授村”，在这一方土地上，先后出了 300 余位中科院院士，博士，硕士，教授，副教授。

月池村的先人尚学重教。熊世昌创私塾，开办心远学堂，并设心远教育基金，奖掖族中有成子弟。清末明初，其曾孙熊育鍚，熊元锷抱科教救国之志，兴办心远小学，心远中学，心远大学。而心远大学填补了江西当时无综合大学的空白，它与当时的天津南开，湖南明德同为私立名校。

永木黎村 永木黎村位于南昌县广福镇，为唐永王李璘故居，距省会南昌市 35 公里。据黎姓家谱记载和地名普查资料所记，从唐始，黎姓已居于此，至明、清已历经数朝而不衰。民国时期虽遭日军轰炸，现仍有房屋 37 幢，其中 34 幢为明末清初所建，风格古朴迥异，多为勒马式八字斗门，一般两进四厢或一进两厢带反照堂，有的两旁留有暗走巷。永木黎村历史文物、景点众多，有保存完好、雕刻精密，并具有中国古代建筑风格的“大夫第”“贞节牌坊”等保存完好的古建筑群。永木黎村成一扇形，村庄房舍座西朝东，呈半月形排列（古时为了便于观戏），一口新月形池塘环绕村前。据村中老人讲，以前在池塘中有个大戏台，由两个石墩支撑，每当逢年过节，村里便是好戏连台，热闹非凡。

后湾历史文化村 后湾村位于南昌县三江镇三江村，距省会南昌市45公里，为南昌县望族名村，自北宋神宗年间，古兵部尚书、爱国先贤万迪公始迁至此，迄今800余载。地临四县之交，秀挹三江。世代文风蔚然，忠诚义士，人才辈出，历朝金榜题名之进士，有记载就有十五人，举人秀才数百名。经世代经营，该村村容整肃，绿树芳草，碧水如镜，街巷洁净，古宅民舍，文物胜迹，蔚为省邑望族名胜。如万芳园之迪公铜像、道光古井、必大之门、金榜棋杆石、鲤鱼塘、双节牌坊、十八坡及明、清古建筑群，处处无不展示出三江古文化底蕴。后湾村人才辈出，不少人在省、市及全国各地担任县、处级干部、教授及高级技术职称，新中国第一位女省委书记万绍芬即后湾人士。

“八二八”毛泽东故居 八二八招待所是专用于接待毛泽东主席巡视南昌时的住所，也是毛主席视察江西时最后住过的地方。该宾馆始建于1969年8月28日，其名“八二八”便由此而来。

“年年后浪推前浪，江草江花处处鲜”，这是40多年前，毛泽东主席经过南昌，专为南昌题写的《七律·洪都》中的经典名句，而当时他挥毫泼墨的地方就是在南昌城南20公里处的828宾馆。毛泽东主席曾在20世纪70年代先后四次下榻在828宾馆1号楼，在此与江苏、福建、江西三省主要负责人许世友、韩先楚、程世清进行了重要谈话，以中共中央名义签发了《关于取消军委办公会议、成立中央军委常委的通知》。此后，江泽民、胡锦涛等党和国家领导人也先后多次在此考察、居住，因此，828宾馆享有江西“中南海”之美誉。

为了对这个具有不可多得的历史价值、人文价值、文物价值和政治意义的地方进行保护，2012年，南昌市决定对828宾馆1号楼进行抢救性维修，并于2013年春节后对外开放，全国各地到此参观的游客络绎不绝，大家睹物思人以缅怀追忆领袖毛泽东昔日的风采。

2013年12月4日下午，毛泽东长女李敏，携女儿孔东梅和女婿陈东升等一行，来到了毛主席曾经生活及工作的地方——八二八招待所毛泽东旧居参观，缅怀先辈。

随着近几年南昌县旅游产业的迅速发展，旅游业已经成为拉动县域经济社会快速发展、群众增收致富的重要渠道。结合实际，县里提出启动县域旅游“一圈三线十点”建设，即为南昌市民打造一个半小时生态旅游圈，发展以黄马为主的南线，以蒋巷为主的北线及以塔城水岚洲为主的中线等三条精品线路，打造幽兰马游山、中国武阳·红楼景观旅游文化示范地、塔城水岚洲、黄马“两江”生态旅游走廊、莲塘澄碧湖公园、象湖新城、蒋巷生态农业与湿地科教基地、冈上教授村、三江后万村、广福永木黎村等十大旅游景区。并涌现出了凤凰沟风景区、湖光山舍田园农庄、国鸿生态园等一批先进乡村休闲农业旅游企业。

目前，全县已有国家4A级景区1个、国家3A级景区3个、江西省乡村旅游示范点3个，南昌市乡村旅游点25个，南昌市特色旅游景区1个。拥有全国休闲农业与乡村旅游星级企业9个、全国休闲农业与乡村旅游示范点2个、江西省休闲农业示范点10个、南昌市休闲农业示范点10个；南昌市十佳休闲农业与乡村旅游示范点9个，垂钓基地和小型农家接待点更是遍布各个乡镇。其中凤凰沟风景区已入围江西省新十大景区20强，黄马桐树下新村线路也被评为南昌市乡村旅游精品线路一等奖，黄马乡的樱花节、桂花节和蒋巷镇的民俗文化节在省市都具有一定的影响力。

得天独厚的不仅仅是历史的馈赠，大自然同样很厚待这片土地。南昌县属亚热带湿润气候地带，气候温和，四季分明，雨水充沛，日照充足。由于受地理位置及季风的影响，形成了“春季多雨伴低温，春末初夏多洪涝，盛夏酷热又干旱，秋风气爽雨水少，冬季寒冷霜期短”的气候。年平均气温达到17.8℃，年平均日照1603.4小时，年平均降水量为1662.5毫米，年平均霜期89天。县里土地资源较丰富，土地面积为1861.7平方公里，其中耕地占38.7%，林地占1.41%，园地占

0.61%，草地占2.01%，水面占40.14%，未利用土地占7.13%。境内有赣江、抚河两大干流，此外，尚有清丰山河及76条河港，地表水资源丰富。地下水分布较广，含水层厚度为5.1-62米，水位埋深小于5米，易开采，水质好，矿化度低，有利于满足城乡居民及工农业用水的需要。

农业资源

南昌县是江西省的农业大县，著名的商品粮基地，有着“鱼米之乡”“江南粮仓”的美誉，具有丰富的农作物和动植物资源。全县耕地面积100余万亩，土地肥沃，适宜各种农作物生长。盛产水稻、大豆、油菜籽、花生、甘蔗、茶叶、蔬菜、水果等农作物。动物资源有260多种，其中家禽30多种，有“南昌白猪”“鄱湖野鸭”“肉牛”“莲塘麻鸭”“南昌灰鹅”等名优品种。

水产资源

南昌县是全国渔业重点县，县境内水系发达，沟渠纵横交错，湖泊、池塘星罗棋布。淡水鱼类主要有草鱼、鲢鱼、鳙鱼、鲤鱼、鲫鱼、黄芽头、鳝鱼、泥鳅等120多种，有甲鱼、乌龟、淡水白鲳、罗非鱼、吴郭鱼、鳜鱼、银鱼、团头鲂等名贵鱼类；虾类有沼虾、溪蟹、中华毛蟹、青虾等10多种；贝类有中国肩蚌、江西楔蚌（河蚬）、淡水壳莱、湖蛤、田螺、推实螺等50多种。

动植物资源

南昌县动植物资源丰富，共有植物120余种，动物240余种，其中国家重点保护动物9种，以河豚、白头鹤最为珍贵。

全县林业用地（含园林）约7.3万亩，占3%，传统树种有樟树、苦楝、马尾松等；特种经济林木有泡桐、水杉、茶等；药用植物已发现和利用的有麦冬、地黄、蔓荆子、生地、泽泻、薏米、菊花、黄介子、金银花、芡实等40多种。花卉有黑兰、君子兰、四季海棠、紫茉莉等名贵品种30种。著名的土特产主要有三江荸荠 、三江萝卜腌菜、塔城豆豉、万舍大蒜、涂家洲韭菜、小蓝芹菜，以及鄱湖野鸭、莲塘麻鸭等名优品种。煌上煌卤禽制品、绿滋肴葛粉、花汇宝蜂蜜、稻香园豆豉、黄马茶叶等也是深受大家喜爱的旅游特产。青岚湖银鱼、鄱阳湖白鲫、塔城家乡豆豉、渡头熟狗肉，富山陈酒……数不清的南昌特产热情地招呼着每一位远方的宾客，与善良的南昌人民一样，共同见证着魅力南昌的发展与变迁。

访谈篇之书记访谈

第一章 “首府首县”的创新发展之路

第一节 对话主题：创新社会治理网格化

记者：在今年8月发布的最新一届全国县域经济与县域基本竞争力百强县排名，南昌县跃居至第41位，进位幅度居全国百强第一。自2008年以来，南昌县已经连续8年跻身全国百强县，连续7年实现进位。骄人成绩的取得，有人说主要得益于良好的交通区位优势，也有人说源自超乎常规的创新思路。郭书记您怎么看？南昌县是不是有一套非同一般的发展“秘诀”？

郭毅：骄人成绩谈不上，只能说我们做了许多努力，取得了一点阶段性的发展成果。近年，在全国县域经济发展风起云涌，全省发展升级态势你追我赶的环境之下，南昌县演绎了进位赶超的“加速度”：近三年全国百强跨越34位，财政总收入三年翻番；经济总量全省领跑，GDP连续跨越400亿元、500亿元大关，达550亿元。即便在经济下行压力空前的今年上半年，南昌县全县地区生产总值、财政总收入等6项指标总量预计将继续稳居全省第一。

很多人追问，南昌县何以连续多年超常规发展？是“身处首府”的区位优势，还是政策叠加的特殊优势，抑或其它资源优势？我想说，区位优势是一方面，更重要的是南昌县解放思想、改革创新所激发的内生动力。创新是民族的灵魂，是国家兴旺发达的不竭动力，也是我们南昌县争先创优的核心驱动力。一个地方的房展，满足现状固步自封只会越走越窄，只有把自身放在全国发展的大背景下去审视，坚持解放思想，坚持改革开放，创新发展思路，坚持实在实干，才可能实现可持续发展、跨越式发展。

记者：以改革创新激发内生动力，说得太好了。作为一个县区，请问改革创新怎么去贯彻、去体现呢？

郭毅：一是要坚决破除小农意识、狭隘思维和传统方式，按照全国农村改革试验区的标准来统筹城乡发展，推动南昌县在新的起点、在更高的平台上，实现新的跨越、取得更大的成绩。

二是要高举“请进来、走出去”的大旗，反躬自省、查漏补缺，常于运用“拿来主义”，学习先进发达地区经验，善于通过“走出去”寻觅发展良方，精于“加工升华”为我所用，不断提升全县发展的质量和层次。

三是要用好中央及省市赋予的各项改革权和试验权，坚持大胆地试、大胆地闯、大胆地冒，先试不议论，先干不争论，先做不评论，最后以成效作结论。县委、县政府将旗帜鲜明地支持改革者、鼓励创业者，支持创新、宽容失误、允许失败，只要符合“两个凡是”，只要不落个人腰包谋私利，我们就是大家干事创业过程中最坚强的后盾。

记者：改革创新不是纸上谈兵，需要决策者坚定的毅力和决心，更需要确定好符合地方实际的发展战略，以战略引领实践，最终确保改革创新成效的取得。请问南昌县具有怎样的发展战略或定位？

郭毅：我们的定位是：在全国找坐标，为全省立标杆，努力当好南昌市“四个强起来”先锋队。

首先是要提升发展理念，勇于突破画地为牢的局域视野，主动把南昌县放到放到全国大格局中去比拼、找坐标，敢于同先进地区、发达县区比，与发展快、实力强的县区比，在比拼中加速赶超，在借鉴中实现超越。要拉升工作标杆，勇于破除传统县域的思维定势，树立追求完美、追求卓越的理念，自觉地按照中等城市的标准来提升城市建管水平，按照国家级开发区的标准来发展工业，按照国家现代农业示范区的标准来提升农业，按照全国农村改革试验区的标准来统筹城乡发展，努力使每项工作都向省、市一流水平看齐，向改革开放的前沿地区看齐，使全面争创一流成为县区上下的共识。要提振精神状态，勇于打破“按部就班”的工作惯性，克服安于现状、不思进取、畏难情绪和等靠要的传统观念，保持奋发有为的精神状态和强烈的事业追求，在新常态下赢得弯道超车的先机和主动。

要在全国找坐标，通过“四比”方式，纵比增幅、横比总量、内比人均、外比排位，切实比出差距和不足，比出压力和动力，比出干劲和激情，引领县域经济发展在全国坐标系中找差距、谋借鉴、争进位，朝着全国百强县中上游水平加速冲刺。要在全省立标杆，以做一等工作、创一流业绩的理念，不断追求完美、追求卓越，持续放大综合实力全省领跑效应；按照“缺什么补什么、弱什么强什么”的要求，有的放矢补齐工作短板，奋力推动南昌县在各个领域、各个环节争创一流，真正以无数个第一支撑起首府首县的称谓和地位。要在全市当先锋，发挥县域经济和国家级开发区共融的示范效应，担负起主要经济指标勇挑大梁，重点全局工作走在前列，特色亮点工作探索先行的责任使命，全面构建做强南昌、打造核心增长极的重要战略支点。要在加快产业升级中担当“尖刀”，推动传统制造业向战略性新兴产业的转型升级，努力在全市产业升级尤其是工业升级上率先破题建局、闯出新路；在新型城镇化进程中勇做标杆，紧抓国家农村改革试验区等平台机遇，为全省、全市统筹城乡发展探索路径、树立标杆；在现代农业发展中力求特色，加快转变农业发展方式，调整农业产业结构，努力走出一条富有特色的现代农业发展之路；在党建创优中率先垂范，以党建统领，促作风转变、服务提升、环境优化，汇聚改革发展的正能量，切实当好全市“四个强起来”的先锋队、尖刀班。

记者：战略高远，思路清晰，接着就是实干苦干吧。据我了解，围绕“在全国找坐标，在全省立标杆”的战略目标，南昌县在招商引资、产业升级等方面进行了诸多创新尝试，且效果显著，为江西县域经济发展提供了很好的发展模板。能不能具体介绍一下？

郭毅：近几年，南昌县在全国百强县的排名中不断晋级，走出了一条超常规的发展之路，离不开在经济发展方面的大胆创新。我们始终坚持“工业立县”这一经济发展的生命线，抓住招商引资的“牛鼻子”，从目前我国县区的经济发展来看，这两个“法宝”是推动县域经济发展屡试不爽的“法宝”。

步入“全国百强县”以来，县里更加认识到工业对县域经济提升的重要性。我们通过实施“把好招商选资关、产业链招商释放集群效应、一区带三园”三步战略，下活了一盘工业好棋。

首先，专家评审机制把牢招商选资关，向质量要效益。随着工业化战略的推进，工业项目用地日趋紧张。因此，县里为了将有限的土地资源供给好的企业，在全省率先出台招商引资项目落户专家评审机制，从项目可行性、产业关联度、投资强度、产出贡献度等方面，严把准入关口，项目淘汰率近 50%。在专家评审机制的引导下，世界 500 强江森自控、全国医药知名企业济民可信、食品饮料“大鳄”加多宝等重大项目相继落户，江铃股份 50 万辆整车、江铃控股 15 万辆整车及千亿集成电路产业园等“引爆”项目正在进行商务谈判。

其次，产业链招商释放集群效应，向企业要效益。南昌县把产业配套缺失项目作为招商主攻方向，有针对、有选择、有目标地开展“补位招商”。以汽车产业为例，县里通过引入江铃股份、江铃控股等六大整车项目，集聚了李尔内饰、佛吉亚等145个零部件项目，形成50万辆整车和42万台柴、汽油发动机的产能布局。按照“成片征地、成片开发、成片配套、成片建设”的思路，县里2013年启动了汽车零部件产业园建设。目前，第一个汽车零部件产业园内，总投资12.4亿元的16家企业已全部开工，今年底将全部投产，预计将实现年产值20.8亿元。第二个汽车零部件产业园也在紧张推进中。如今，县里已经形成汽车汽配、食品饮料、医药医器三大主导产业，占工业总产值比重达到55%以上。

最后，一区带三园，做大承载平台，向空间要效益。为弥补小蓝经开区空间不足的局限性，县里推出“一区带三园”的产业升级模式，进一步扩张工业发展空间。如今，县里正在以小蓝经开区和向塘物流园、武阳中小企业创业园、南新滨江工业集中园为主战场，将更多工业、招商引资等经济发展的压力向工业园区传导。

记者：这些成绩确实很振奋人心啊。您认为我们取得这些成绩，实现超常发展的重要动力支持是什么？

郭毅：我们南昌县能够在近几年都能够一直保持平稳和较快的增长态势，并且在全国的百强县当中的排名不断上升，其中最为重要功臣要数项目建设的不断推进了，可以说，是项目建设挺起了县域经济的脊梁。不夸张的说，有项目才有资金流，有项目才能聚集人才，有项目才能充分就业，有项目才能真正的实现科学发展。

记者：是的，不管是县里还是市里，好的项目建设都是促进经济发展最为直观的推动力，刚才提到的很多项目都是其中的有功之臣吧。

郭毅：是啊，而且这还只是我们重大重点项目当中很小的一部分。20万台汽油发动机项目、玺悦城商业综合体项目、“863”计划汇仁药业新基地、江西人之初营养科技股份有限公司、千亿建筑科技产业园总部基地等项目等等，都是我们熟记于心的项目。

20万台汽油发动机项目总投资10亿元，占地114亩，规划年产20万台福特2.0GTDI和江铃自主研发的1.8、1.5GTDI汽油发动机。一期正在进行设备安装和调试，预计年底预装备投产。该项目是小蓝汽车城第一款汽油发动机项目，投产后将一举改变江铃自有发动机只有柴油动力匹配的局面。

玺悦城商业综合体项目总投资5.75亿元，商业面积约7.3万平方米，分三期开发建设。一期致力完善区域生活配套，首个省内最新一代沃尔玛标准店、屈臣氏、必胜客、苏宁电器等已经开张；二期为休闲临湖美食广场，引进知名餐饮签约入驻；三期以星级影院、儿童主题馆、高档写字楼为主，预计2016年交付使用。

千亿建筑科技产业园总部基地是南昌县依托丰富的建筑企业资源和“中国建筑之乡”的品牌效应，启动建设的全省首家建筑科技产业园。项目总投资约21亿元，规划建设建筑企业总部大楼、研发中心、展示中心和服务配套，第一批46家建筑企业已经入驻。

记者：南昌县县域经济发展形势真的不容小觑啊，难怪有人说“脱离北上广，入驻南昌县”成为一道风尚呢。您觉得这么多好项目大项目纷纷选择南昌县，主要看中了哪些方面？

郭毅：哈哈，项目来到南昌县，选择南昌县，扎根南昌县，自然是有原因的。简单说来，灵活的决策机制、扎实的保障机制和高效的推进机制，是我们项目推进工作的三大优势。我们在立足现实的基础上，充分发挥这三大优势，加大招引大项目、好项目和产业延伸配套项目的力度，主动做好服务工作，以服务者的姿态大力发展县域经济，给企业提供“保姆式”的服务，这是我们在项目建设上取得喜人成绩很重要的保证。

记者：这样看来，好的政策、好的服务、好的环境，是南昌县增强魅力的法宝呀。发展源自人民，发展为了人民，据我所知，南昌县一方面不断探索创新，优化环境，吸引大项目大企业落户，不断推动经济超常规发展，一方面坚持发展成果普惠于民，让老百姓切实感受发展带来的实实在在的好处。能具体介绍一下吗？

郭毅：在我看来，南昌县现在取得的成绩是全县人民共同努力的成果，没有大家共同建设家乡的决心和自信心，再多再好的项目也很难推进、很难有成效。同时，经济发展的数据是冷冰冰的，我们不能为了发展而发展。发展的目的还是为了惠民，人民生活水平好了，才能真正拍着胸脯说，我们是全国百强县五十强，我们的经济发展是有温度、有意义的。我们县始终坚持将每年新增财力的大头用于改善民生，经济发展了，大家都能享受到它带来的好处，所以劲往一处使，自然能不断进步、不断突破。

2011 年，全县民生工程投入 10 亿元，2012 年达 17 亿元，2013 年达 24 亿元，2014 年达 30.3 亿元，资金投入年均净增 6 亿元以上。先后投入 12 亿元（省级配套资金 2 亿元），按城镇职工标准在全省率先启动被征地农民养老保险试点工作，全县 6.5 万名失地农民享受到月均领取 1200 元的城镇职工养老保险待遇；投资 24 亿元在 6 个乡镇启动 16 个先导区建设新农村社区，允许农民安置房上市交易。

截至 2014 年年底，县里新增城镇就业人数、城镇居民医保参保缴费人数等 8 项指标稳居南昌市第一；总投资 1.2 亿元的第一批 8 所乡镇中心校投入使用；县级公立医院和村级卫生室实现药品零差价销售全覆盖，累计为群众减轻药品费用负担5000余万元，群众幸福指数不断提升，民生事业由过去的“小步前进”的状态转为向着“幸福昌南”的目标大步迈进。

第二节　对话主题：小蓝经开区的引领效应

记者： *南昌县能够在百强县的晋级道路上势不可挡，小蓝经开区应该能算得上是最大功臣吧？*

郭毅： 对，小蓝经开区是南昌县人民的骄傲，为南昌县的经济社会发展做出了巨大的贡献，是我们连续8年稳居全国百强县名单的大功臣。

2002年3月成立以来，短短十多年时间，完成了从荒滩荒漠到工业新城的华丽蜕变，实现了从县级到省级、最终跻身国家级开发区的“三级跳”。如今，美国福特、李尔内饰、韦世通、江森自控、天纳克、佛吉亚、五十铃、上海宝钢、可口可乐、百事可乐、中粮集团、百威英博、长安等14家世界500强企业，煌上煌、泰豪股份、尚荣医疗、闽发铝业等23家上市公司及福建达利、汇仁集团、济民可信等一批知名企业、行业领军企业均在此投资落户。园区内注册企业达到2284户，签约落户企业710家，投产企业512家，其中规模以上工业企业184家。以江铃集团为龙头的汽车企业的落户，形成了“江西汽车看南昌，南昌汽车在小蓝”的局面。

小蓝经开区是江西唯一一个拥有汽车零部件、食品和生物医药三块省级产业基地招牌的先进制造业基地。小蓝经开区的发展征程更被视为全省绿色崛起探索进位赶超的缩影。

记者：根据相关的资料，我们看出小蓝经开区发展迅速的重要一点是十分重视坚持“招商选资”，特别是在主导产业的建设方面成绩突出，您能为我们介绍一下相关情况吗?

郭毅：是的，小蓝经开区一直坚持“招商选资”，而不是简单的“招商引资”。小蓝开发区的建设十分重视产业集聚，着重发展汽车、食品和生物医药三大主导产业，取得了突出的成绩。

区内汽车及零部件产业集聚江铃股份、江铃控股及美国伟世通、天纳克、上海宝钢等企业135家，已投产企业79家（其中规模以上企业40家），在建企业26家。主导产品为汽车整车、汽车空调系统、汽车用钢材、汽车座椅及其他汽车零部件。2014年实现工业总产值245.72亿元，同比增长57.83%，占开发区经济总量的30.43%；主营业务收入241.64亿元，同比增长52.46%，占开发区经济总量的30.4%；上缴税金15.66亿元，同比增长98.04%，占开发区税收的49.05%；从业人员平均人数14916人，同比增长16.69%，占开发区从业人员总数的22.55%。

食品饮料产业集聚可口可乐、百事可乐、天津宝迪、福建达利、煌上煌、亚洲啤酒等企业78家，已投产企业63家（其中规模以上企业22家），在建企业6家。主导产品为烤卤制品、碳酸饮料、营养米粉。2014年实现工业总产值138.68亿元，同比增长21.21%，占开发区经济总量的17.17%；主营业务收入134.68亿元，同比增长28.61%，占开发区经济总量的16.94%；上缴税金4.31亿元，同比增长6.57%，占开发区税收的13.51%；从业人员平均人数10612人，同比增长2.96%，占开发区从业人员总数的16.05%。

生物医药产业集聚深圳尚荣、汇仁集团、江西国药、江西制药、中牧股份、三鑫医疗等企业25家，已投产企业20家（其中规模以上企业14家），在建企业2家。主导产品为汇仁肾宝、乌鸡白凤丸、盐酸林可霉素、虫草菌粉、一次性使用无菌注射器。2014 年实现工业总产值 91.49 亿元，同比增长 6.13%，占开发区经济总量的 11.33%；主营业务收入 89.81 亿元，同比增长 6.61%，占开发区经济总量的 11.3%；上缴税金 2.31 亿元，同比增长 2.96%，占开发区税收的 7.25%；从业人员平均人数 9583 人，同比增长 1.57%，占开发区从业人员总数的 14.49%。

记者：据说小蓝经开区的企业信用体系建设也比较突出，走在江西省前列，能否简单介绍一下？

郭毅：今年 5 月，小蓝经开区出台了《企业信用等级评定实施办法》，以推进企业信用体系建设，引导和鼓励企业诚信经营。根据企业信用等级，开发区将提供差异化的信贷激励政策，A 类企业将获得优先扶持。

小蓝经开区企业信用等级评定实行“指标考核，百分计算，以分定级”办法，指标体系分为 7 项，包括企业经营状况、信用状况、技术创新、品牌建设、治理机制、社会责任 6 个一级指标和负面清单。评定流程主要分企业自评、组织认定、政银企联合会审和内部公示，评定结果根据评定分值确定为 A、B、C 三级。

信用评级成果主要为政府信用贷款和政策性担保贷款提供数据支持，同时作为申报国家、省、市、县（开发区）各项政策、资金、技术、人才及项目等支持的排序标准。根据信用等级，小蓝经开区将为企业提供差异化的信贷激励政策，优先扶持 A 类、鼓励提升 B 类、培育监管 C 类。对未列入信用等级评价的企业，原则上不将其纳入国家、省、市、县（开发区）各项政策、资金、技术、人才及项目等支持的申报范围。

记者：据说县里在小蓝经开区积极探索“小政府 + 大公司”的运

行机制，突出干部为企业服务关口前移，效率优先，取得了很大成效。请您介绍一下南昌县在这些方面取得的经验。

郭毅：近年来，小蓝经开区一直保持高速发展势头，为县里经济做出了巨大贡献，为了更好地建设小蓝，我们的配套保障也必须跟上。在市场经济的大背景之下，要想获得市场的认可，必须突出企业市场主体作用，转变政府职能，创建服务型政府。按照“为大企业提供小服务，为小企业提供大服务”的思路，我们积极探索建立适应新形势、新任务、新要求的工作机制，打造“程序最简、效率最优”的管理服务品牌。致力于构建优质高效的政务环境、公平公正的法治环境、文明包容的人文环境、治安良好的社会环境，使每一家进驻企业都可以享受到一流的服务，为园区企业创新发展、转型升级、做大做强提供有力的支持和保障。

2014年，小蓝经济开发区企业服务受理中心正式投入运行，企业办理业务只需要到受理大厅申报，后续事项由中心工作人员全程代办。同时，园区还建立了政务信息平台，开发了多项企业服务模块功能，为每个企业匹配了一个账号，企业“足不出户”就可以在网上申办相关事务、参与测评政府职能部门，并随时了解工作进度，极大地提高了企业办事的效率。

另外，园区的项目开工之后，一般会成立项目小组，定人定点在工地服务，及时处理建设中遇到的各种问题。用水、用电是工地建设的基本保障，我们要求园区在工程开工前要对接好县供电和供水部门，全力督促水电及时顺畅到达工地，保障工程正常施工。值得欣慰的是，直到现在，工地也没有出现因为基础建设问题而停工一天的状况。

记者：在创建服务型政府的过程中，县里主要进行了哪些改革，有没有一些经验可以和大家分享的？

郭毅：为创建服务型政府，提供更优质高效的政务环境，县里实施了一系列改革。一是改革管理体制，实行政企分开、政事分开。组建南昌小蓝开发总公司、企业服务中心，将管委会承担的招商引资、园区建设、企业服务等事权以及其它可以依托市场规律开展的各种经济活动，授权或委托给开发总公司，逐步建立管委会与开发总公司层次分明、精简高效的管理体制和运行机制。二是改革人事制度，实行全员聘用、竞职竞岗。打破身份壁垒，破除论资排辈，全面推行干部职工合同管理、全员聘用，变“身份管理”为“岗位管理”，旨在通过改革理顺机制体制，实现去行政化，建立“企业化管理、市场化运作、多元化融资、专业化服务”四大平台。三是改革薪酬分配，实行以岗定薪、按绩取酬。按照“以岗定薪、按绩取酬、同岗同酬、岗变薪变”的原则，实行绩效工资和绩效考核管理，打破考核上的“人情分”和“面子分”，建立健全科学合理的分配机制和激励机制。

不仅如此，小蓝还建立了“领导挂点联系，一条龙服务，一盘棋统筹”的项目建设推进机制，实行“一线驻点、挂图作战”的工作模式，近百名干部定期深入480多家企业进行走访、调查，摸清问题，逐一破解；建立健全常态性的项目调度服务、效能考核督查机制，科学确定每一时期重点推进的续建、新建、新签约、新投产项目，强力推动项目无障碍、按时间节点推进。

同时，小蓝经开区优化投资发展环境，为企业和客商提供办事零距离、建设零干扰的全方位服务。第一时间响应企业诉求，解决存在的问题，推动项目建设。推行“一次告知、全程服务、并联审批、限时办结、绿色通道、效能问责”的县区高度融合的行政审批机制和“线上审批”与“线下代办”相结合的快速反应服务通道，提高前端准入、后端服务水平，加快信息化在园区、企业的深度渗透。

此外，园区还设立了创东方创业投资基金、“引智扶优、精英小蓝”

计划，创建了园区企业诚信体系，积极搭建产学研对接平台、政银企融资对接平台，全方位支持帮助企业破解发展难题。小蓝很重视企业的培训，园区每月会举办一次培训活动，邀请专家、学者、领导干部、企业高管、专业技术人员来开发区为企业讲课，帮助企业提高管理人员素质。

记者：小蓝经开区短短十年时间从无到有，支撑起了南昌县县域经济的“脊梁”。在已经取得了令世人瞩目成绩的同时，您对它未来的期待是什么？

郭毅：首先，小蓝经开区整车及零部件生产基地是我省先进装备制造产业中投资额最大的项目。小蓝整车及零部件生产基地将大力兴建汽车整车及零部件生产基地，形成汽车研发、汽车整车生产、核心零部件供应等完备的产业链。

另外，我们计划把小蓝食品产业园打造为全省最大的“中央厨房”，全国知名的“绿色食品产业基地”。之前介绍了，我们小蓝经开区引进了包括煌上煌、可口可乐、百事可乐、福建达利园、亚洲啤酒、天津宝迪、绿滋肴、益海嘉里等国内外大型食品饮料企业，这些都是我们经济发展的有力支撑。

小蓝经开区在取得成绩的同时将进一步理清发展思路，明确发展方向，坚定不移实施聚焦战略，做强做优支柱产业，做实做新发展平台，力争 2015 年工业总产值、主营业务收入双双突破 1000 亿元，实现在国家级开发区中进位赶超，建设成为功能完备、配套完善、环境优美、服务高效的现代化工业新城。

资料链接

冲刺千亿园区 全国网媒聚焦南昌小蓝经开区产业升级

按照南昌市三年强攻计划，小蓝经开区2015年主营业务收入将突破1000亿元。小蓝经开区将适应新常态，谋求六个突破，冲刺千亿园区，为国家级开发区中进位赶超打下坚实的基础。

年度区财政总收入预计突破44亿

小蓝经开区企业服务中心主任蔡进彩介绍，该区以开展质量提升品牌建设活动为切入点，深化质量兴区、名牌推进和标准引领“三大战略”，狠抓品牌培育和创建，全面加强质量体系建设，有力地促进了经济发展，并荣获“江西十大最具价值投资工业园区”、全省先进国家级开发区等称号。今年1-6月，该区财政总收入22.7亿元，全年将突破44亿。

小蓝经开区从2002年3月创建，始终坚持走新型工业化发展道路，不断唱响区域品牌。2006年3月升级为省级开发区，2012年7月升级为国家级经济技术开发区；并于2008年成为江西省汽车零部件产业基地，2009年成为江西省食品产业基地，2010年成为全省首批生态工业园区，2011年成为江西省生物医药产业基地；2013年获国家质监总局批准筹建“全国轻型柴油车产业知名品牌创建示范基地”；2014年获评全省汽车及零部件产业唯一的工业示范产业集群；2015年，被评为“江西十大最具价值投资工业园区”。

小蓝经开区是省内世界500强企业和知名品牌企业最集中的开发区。福特、长安、李尔内饰等14家世界500强企业，煌上煌、泰豪股份、尚荣医疗、三鑫医疗、闽发铝业等24家上市公司及福建达利、汇仁集团、济民可信等一大批知名企业及行业领军企业在此投资、落户；拥有35家高新技术企业、2000余件专利。数据显示，该开发区以占南昌县1%的国土面积创造了全县40%以上的税收，成为南昌县百强连年进位的最大支撑。

投产企业480家

据介绍，小蓝经开区按照“大项目—产业链—产业集群—制造业基地”的发展模式，强化专业化分工与协作，走产业集群化发展道路。目前，开发区投产企业480家，在建企业92家，已形成了汽车及零部件产业、食品饮料产业、生物医药产业等多个产业集群。

在招商引资工作中，该区由重数量向量质并重、以质为先转变。同时，县区联动，建立倒逼机制及运用行政、法律、市场等手段，采取堵疏结合的方式，全面启动了低效、闲置用地清理工作。围绕“主抓大项目、力求高质量、追求快速度”的思路，强化项目调度管理，项目开工、投产速度进一步加快。去年江铃特种专用车、联胜智能等21个项目开工，江森自控、佳时特数控等27个项目投产，规模以上工业企业比2013年新增27家，达到181家。目前，开发区投产企业480家，在建企业92家。

在企业服务方面，该区不断探索、创新，提高企业发展平台。在2013年底成为全省首批“财园信贷通”试点工业园区后，促进建行、中行、北京银行等20余家银行与开发区企业进行合作对接，帮助145家企业获得“财园信贷通”银行贷款5.4亿元。主题式“园中园”建设形成集聚效应。

主营业务收入预计突破1000亿

据介绍，按照南昌市三年强攻计划，小蓝经开区2015年主营业务收入要突破1000亿元。小蓝经开区将适应新常态，谋求六个突破，冲刺千亿园区，为在国家级开发区中进位赶超打下坚实的基础。

为此，该区从机制体制方面入手，专题研究解决招商引资、企业服务、行政审批、公共资源、配套建设、项目推进、土地供应、基础设施、企业转型升级等工作中存在的突出问题，扫清发展道路上的深层次障碍。

在招大引强方面，小蓝经开区重点抓好汽车及零部件、食品饮料、生物医药产业的链式招商，充分依托江铃整车等龙头企业进行配套招商，延伸上下游产业链，提高产业集中度。

同时，该区按照“落户项目早开工，开工项目早竣工，竣工项目早投产，投产项目早达标”的要求，重点推进92个续建、新建、新签约、新试投产项目建设，为全区经济社会发展储备发展后劲。其中，确保江铃股份扩能、济民可信、澳门晖阳等一批重点项目开工，汇仁药业新基地、联胜智能等一批重点项目竣工投产。

在企业服务上，小蓝经开区也力求突破。按照“让企业建设零干扰，办事零距离，服务零不满”目标，着力提升企业管理、服务水平。重点是整合、优化南昌县行政服务中心和开发区企业服务受理中心的服务职能，推行全程代办制度，为客商提供全方位、快捷便利贴心的服务；建立“项目管理负面清单”制度，使企业管理、服务有章可循。同时，加快建立以企业为主体、市场为导向、产学研相结合的技术创新体系。并进一步优化空间布局，推动调整土地利用规划和城市建设规划，编制相互衔接的各专项规划；同时，建立便利基础设施体系，加快融入南昌市区步伐，加快产城融合，全面提升功能承载水平，满足园区企业和从业人员不断提高的生产生活需求。

（中国江西网）

第三节　创新社会治理网格化

记者：谈起改革创新，不得不提到创新社会治理网格化工作，这是南昌县2015年启动的一项重点创新工程，好评如潮，反响强烈。请郭书记为我们详细介绍一下吧。

郭毅：从今年5月起，南昌县启动创新社会治理网格化管理工作，在社区按300至500户、农村以行政村或若干个村民小组为一个单元，把全县划分为1281个基础网格，并将管理、服务、自治纳入网格中。同时，确定每周的星期三为网格驻点日，19时30分至21时，全县1296名县直机关党员干部与万名基层党员干部一道进驻网格，面对面聆听群众意见，切实解决责任网格内群众反映的问题。

“相约星期三，为您解疑难”，这是一个干部与群众的“约会”，也是一个约定和承诺。我们定一个具体的时间也是为了增强大家的意识，对上百万群众来说，是一个可以集中解决问题的时间；对我们来说，是一个更好为群众服务的渠道。每周三，驻点干部进驻各自所属的网格区域工作，听取、记录群众在生产生活中遇到的困难、发现的问题，并将当天收集到的问题进行了梳理、分析、研判。我们会将问题等级分为红、橙、黄三类，凡属于驻网格干部职责范围可以解决的问题或属于村（社区）层面的问题，列为红色问题类；对需要研究并多方联动的问题或属于乡镇层面的问题，列为橙色问题类；对涉及全县性的综合疑难问题，需要较长时间才能解决的，列为黄色问题类。

问题梳理完了，工作却才刚开始。对于群众反映的问题，县里按照“问题导向、清单管理、结果倒逼、责任倒查”的要求，建立了问题解决机制。对红色类问题，要求做到“日清周进”（每日清理一次，每周有工作进展）；对橙色类问题，要求做到“周清月进”；对黄色类问题，要求做到“月清季进”。所有问题的办理结果，都要在全县规定的统一时间，向所联系的网格群众进行公示。

记者：为什么要开展创新社会治理网格化管理工作？县里是出于哪些原因考虑？

郭毅：经济跨越发展，社会治理需要同步跟上。当前，南昌县正处于工业化转型、城镇化加速、市场化完善的关键时期。面对经济新常态、社会新变革，如何创新社会治理成为摆在南昌县委县政府面前的一道新课题。

为解题，南昌县深入调研后，得出了结论：老百姓最讲究实惠，党委、政府做了什么事，党员干部作风好不好，对他们而言，就是看家门口的事情解决得怎么样，眼前的事情解决得怎么样。比如环境干不干净、路灯亮不亮、下水道堵不堵等等。这些事情对党委、政府来说，可能觉得是“芝麻绿豆”点儿的小事，但对群众个人来说，却是大事、难事、急事。

如何解题？南昌县放眼全国、全省，学习先进经验，立足本县实际，推出了创新社会治理网格化这一新的举措。以群众问题为导向，打开民情反映的渠道，深入一线听民意、解民忧、纾民困、化民怨，解决群众“心坎”上的困难，真正让老百姓得到更多实实在在、看得见摸得着的实惠！这是南昌县开展社会治理网格化工作的出发点，也是最终目标。

为此，南昌县成立县社会治理网格化管理工作领导小组，组长由县委书记担任，副组长由其他各位县领导担任，成员由县委各部门、县直各单位主要负责同志、各乡镇党委书记、乡镇长担任。由此，郭毅、南昌县县长刘闯等县级领导成为了片区点长、副点长，乡镇领导当上了网格长，县直机关科级干部为网格指导员，县直机关普通工作人员为网格联络员。

各乡镇则成立相应工作机构，并统一制作网格标示牌和联驻网格干部的民情联系卡、身份标示牌；指导村（社区）合理划分基础网格，统筹安排联驻网格干部接待群众反映问题诉求、调解矛盾纠纷的场所，做到一网格一服务点。

记者：您的意思是说，创新社会治理网格化管理工作最直接的目的，就是为群众办实事？

郭毅：对！我们启动创新社会治理网格化管理工作，目的就是从小处着力，加快推进社会治理方式和治理体系创新，为群众提供更加高效便捷的服务。群众利益无小事，于细微处见精神。县里通过网格管理“驻点日”活动，让网格干部面对面聆听群众意见，切实解决责任网格内的各类问题。这种零距离的服务方式，让民意表达更直接、更真实，是落实“三严三实”的一次生动实践。

“芝麻绿豆事”虽小，但也件件关乎群众切身利益。要取得让群众满意的成效，就必须将工作重心下移基层，于细微处抓落实。这一“听冷暖”“解民困”的工作制度既让群众得到实惠，又为党和政府赢得了民心。党员干部就该这样经常深入群众，主动融入群众，把自己同群众放在一个等高线上，同群众坐在一条板凳上；始终把人民利益放在第一位，多听群众的心里话，真正掌握社情民意、了解民需民盼，解决好群众生产生活中最迫切的问题。

天下难事，必作于易；天下大事，必作于细。要落实好群众工作，就必须以认真的态度做好每一件小事，以严谨的作风对待每一个细节，真正做到“以小见大”，展现出“体贴入微”的服务理念和“以人为本”的工作精髓，从而夯实党的执政基石，为地方发展注入活力。截至12月底，全县共开展29个驻点日，接待、走访群众96104人次，收集问题12131个，已解决问题11146个，办结率为91.9%。

记者： 创新社会治理网格化管理是一项系统性工作，除切实回应群众关切、为群众办实事外，还有哪些重要考虑？

郭毅： 党的十八届三中全会首次提出了“创新社会治理体制”的改革新思路，从“社会管理”到“社会治理”的一字之差，既反映了我们党治理理念的高度提升，也昭示了中国社会治理模式的重大变革。如何顺应形势发展，推进社会治理创新，已经成为当前和今后一个时期各级党委、政府的一项重大而紧迫的政治任务。

首先，创新社会治理是贯彻上级部署的具体实践。从中央来看，党的十八大以来，以习近平同志为总书记的党中央站在党和国家发展全局的高度，围绕创新社会治理，提出了一系列新观点、新论断、新要求。特别是党的十八届三中全会明确指出，要坚持源头治理，标本兼治、重在治本，以网格化管理、社会化服务为方向，健全基层综合服务管理平台。从省市来看，全省从去年开始启动了以服务群众为重点、以居民自治为方向的社区服务管理体制改革，着力推行城乡社区网格化管理；南昌市从2012年起就先行启动开展了社区网格化管理工作。因此，创新社会治理、推行网格化管理既是我们贯彻上级要求的题中之义，也是落实上级部署的具体行动。

其次，创新社会治理是推动科学发展的内在要求。近年来，我们把主要精力放在抓经济建设上，在一定程度上忽视了社会治理，导致出现了经济建设“一手硬”、社会治理“一手软”现象，尤其是党风廉政建设社会评价和公众安全感测评始终处于全省、全市垫底位置，已经成为制约我县经济社会可持续发展的最大“短板”和“软肋”。与此同时，当前我县正处于工业化转型、城镇化加速、市场化完善的关键时期，大批项目落户需要征地拆迁来腾出空间，大量农民涌进城镇需要尽快解决公共服务缺口，等等，各类矛盾越发凸显，不稳定因素越来越多。这些问题如果不及时有效化解，长此以往，就会引发更大的社会矛盾。因此，创新社会治理本身就是科学发展的重要组成部分，没有社会的转型，经济转型也难以深入有效推进，科学发展也就无从谈起。

记者：*县里是如何把握创新社会治理的目标路径，确保行动上精准发力的？*

郭毅：创新社会治理工作对我们来说，既是一项全新的工作，也是一项迫切的工作，等不起，也慢不得，必须按照边实践、边总结、边完善、边改正的“四边”要求，在千头万绪中理清思路，在统筹推进中突出重点，在有的放矢中精准发力。

首先，围绕一个目标。即按照“党委领导、政府主导、社会参与”的要求，以网格化管理为平台，加快推进社会治理方式和治理体系创新，努力实现“信访总量、群体性事件、公共安全事件、社会治安案件明显降低”“公共服务水平、基层党组织战斗力、党风廉政建设社会评价、公众安全感明显提升”的“四降四升”目标。

其次，把握两项关系。根据实施方案的要求，全县绝大部分机关干部都要定点配置到单元网格，但力量下沉并不意味着人员脱岗，也绝不是对现有法定职责的推倒重来，更不是对现有行政管理体制的另搞一套，而是在原有职责任务不变的基础上，新增的一项工作任务。为此，我们必须正确把握好两大关系。一方面要正确处理联点职责和岗位职责的关系。我们推进网格化管理最主要目的就是通过一线工作、零距离服务来疏导民怨、解决民困，而老百姓之所以有怨气、不满意，原因就在于我们平时的工作还不到位，欠帐还比较多。换个角度讲，如果大家都能立足岗位，把份内之事做好，把应尽之责履好，群众的满意度和幸福感也就自然而然上去了。因此，我们必须正确处理联点职责和岗位职责的关系，做好结合文章，既不能脱离本职岗位搞网格工作，也不能因为日常任务繁重而降低网格工作标准，坚决防止“两张皮”现象，切实做到两手抓、两不误、两促进。一方面要正确处理主体责任和帮扶责任的关系。实施方案中已经非常地明确指出，网格化管理的主体责任在乡镇，具体责任在村（社区），县直机关下派干部只负有指导和帮助责任。镇村基层干部千万不要错误地以为“事情有人做了、责任有人担了，自己可以一身轻了”，否则等到“鞭子”打到自己身上就晚了。

再次，推动三大转变。创新社会治理，重点是要推动治理理念、治理方式、治理主体三大转变。一是治理理念由管理向服务转变。社会治理主要是对人的服务和管理，说到底就是做群众的工作。一切社会管理部门都是为群众服务的部门，一切社会管理工作都是为群众谋利益的工作，一切社会管理过程都是做群众工作的过程。我们要彻底转变过去那种“重管理、轻服务”的理念，坚持寓管理于服务，在服务中实现管理，在管理中体现服务，从群众最关注的地方抓起，从群众最期盼的事情做起，从群众最不满意的问题改起，以实实在在的变化和成效取信于民、赢得民心。二是治理方式由粗放向精细转变。当前，随着人民群众的权利意识、公平意识、民主意识、法治意识不断增强，群众诉求的内容日趋多元，表达诉求的方式日趋活跃，解决诉求的期待日趋强烈，过去那种粗放式、笼统式的管理方式已经难以适应现代治理的要求。我们推行网格化管理，就是要按照“民有所呼、我有所应”的要求，把社会治理的触角延伸到基层最末梢，把服务工作做到群众家门口，实现服务群众由“坐等办事”向“上门服务”、治理方式由“静态治理”向“动态治理”、治理格局由“粗放型”向“精细化”的转变。三是治理主体由单一向多元转变。我们的政府是一个有限的政府，如果事事都大包大揽，所有的矛盾就会聚焦到政府，所有的事务就会汇集于政府，不仅自己疲于奔命，群众也不会满意。我们要结合政府职能机构改革工作，进一步厘清政府和社会的边界，把该管的事管好管到位，把不该管的事交给市场、交给社会。要充分依托志愿协会、中介组织、“五老”团队、居民协会、楼栋长等社会力量，不断提高社会的自治能力，推动治理主体由“单一”向“多元”的转变。

最后，落实“四定”举措。创新社会治理是县区今后的一项常态化、长效化工作，决不是搞活动、一阵风，必须严格执行“定点、定人、定时、定责”的“四定”要求。所谓“定点”，就是按照“街巷定界、规模适度、无缝覆盖、动态调整”的原则，将全县及小蓝经开区划分为1281个单元网格，实行精准定域，圈定“责任田”。所谓“定人”，就是按照“县区领导联点包片、科级干部全员覆盖、一般干部广泛参与”的原则，将县区各级干部分层分类下沉到基层一线，派驻到单元网格，与基层组织、项目企业、人民群众面对面沟通交流，实打实解决问题。同时，实行干部联驻网格一定三年，除外调外，干部职务变动职责不变，定点联系网格不变。所谓“定时”，就是每周三的晚上为领导干部联系群众驻点日，所有联驻干部必须下到基层、下到网格，广泛收集群众意见和诉求，帮助解决困难和问题。这一点必须作为一条铁律，雷打不动、长期坚持。所谓“定责”，就是实行县区领导联点责任制和联驻人员“包格”责任制，层层分解任务、级级落实责任，确保每个网格政策有人宣传、信息有人收集、纠纷有人调解、平安有人保障、活动有人组织、困难有人帮扶、问题有人解决。另外，我们还开通了“12345”民生服务热线，建立社会治理网格化管理信息服务平台，运用信息化的手段，进一步提高问题收集、处理、反馈的效率，努力为群众、为企业提供更加高效便捷的服务。

记者：为确保创新社会治理网格化工作的有效推进，南昌县做了哪些工作部署和制度设计？

郭毅：让干部们开展工作有章可循、有规可依，制度的设计与完善，是工作得以顺利开展的基础。南昌县创新社会治理网格化能够有效开展，与完善的制度设计分不开。

第一，强化组织领导。为加强对这项工作的组织领导，县里成立了创新社会治理工作领导小组，县区党政一线领导全员参与，所有乡镇、部门的主要负责干部也全部纳入，其规格之高、规模之大前所未有，足以充分表明我们对这项工作的重视程度。县区各级各部门也要成立相应的工作机构，制定具体的工作方案，把创新社会治理工作纳入重要议事日程，做到与经济发展、党的建设、民生事业等工作同部署、同检查、同调度、同考核。各级领导干部既是创新社会治理工作的组织者、推进者、监督者，更是参与者，要坚持以身作则、率先示范，切实把自己放进网格、摆正位置、转变角色，从我做起、向我看齐、对我监督，带头在一线了解情况，在一线解决问题，在一线交融感情，真正做到认识高一层、实践先一着、服务优一筹、解决问题快一步。

第二，强化建章立制。创新社会治理工作必须经常抓、长期抓，才能抓出成果、抓出成效。如果开头紧，中间松，最后还是空。领导小组办公室要坚持用制度管人管事管权，加快健全完善各项工作制度、机制和流程，进一步推动创新社会治理工作制度化、规范化、常态化发展。同时，要强化制度执行的刚性约束，制度一经形成，就必须严格遵守，做到令行禁止、不搞例外。对我们来说，违反制度搞一次特权，就降低一份威信；违反制度谋一次私利，就失去一片人心。联驻网格干部一定要把遵守制度、执行制度、反对特权，作为一条决不能触碰的带电“高压线”，对依法依规该办能办的事情不找关系、不打招呼就办得成，对违反法律法规和政策规定的事情找尽关系、打遍招呼也不能办，切实以自己的实际行动维护社会公平正义。

第三，强化宣传造势。创新社会治理，群众参与支持是关键。要充分尊重人民群众的主体地位，充分发挥人民群众的首创精神，努力团结一切可以团结的力量，调动一切可以调动的积极因素，最大限度地增加和谐因素，最大限度地减少不和谐因素。要充分运用电视、报纸、标语、横幅、宣传橱窗、宣传资料等方式，大力宣传创新社会治理的目的、意义和举措，公开公示联驻网格人员的姓名、职务、联系方式，真正使这项工作家喻户晓、人人皆知、深入人心。宣传部门要组织策划一些有分量、有深度的专题报道、系列报道，迅速挖掘和提炼一批先进典型和生动事迹，不断扩大我县创新社会治理工作的品牌影响力。

第四，强化督促考核。县纪委、“两办”督查室、领导小组办公室要建立健全周督查、月通报、年考核的常态督查机制，采取明查暗访、电话抽查、入户调查等方式，切实加大对联驻人员工作开展情况、各级各部门解决问题情况的督促检查力度，确保各项工作落到实处。同时，要严格考核奖惩，将联驻干部和各单位的工作开展情况纳入各级领导班子和领导干部年度绩效考核内容，考核结果与联驻干部及所属单位的年度考核、评优评先和干部提拔任用直接挂钩，对考核一贯优秀、服务群众意识强、服务群众本领高、群众评价反映好的干部在提拔任用时予以优先考虑，重点使用；对工作没有起色、重视程度不够、导致不稳定问题发生的，要通报批评，并视情况追究相关责任。

资料链接

把老百姓家门口的事办好

创新社会治理既是一项全新的工作，也是一项迫切的工作，等不起、慢不得，应该边实践、边总结、边完善、边改正

“我叫邓海生，今年82岁，我和67岁的老伴住在一起，没有儿女。现在年纪大了，想申请去敬老院住，希望政府能帮帮我。”“您的诉求，我们会尽快传递给县民政局，在五个工作日之内，他们就会上门找您核实情况。”尽管外面下着倾盆大雨，街道上也少有行人，但南昌县莲塘镇墨山村的网格化管

理工作接待点内却是一派热闹的景象。当地居民与网格化管理工作人员面对面交流，将自己在生活中遇到的困难和需要解决的问题反映给他们；工作人员认真记录，并立即联系有关部门获取答复。

上述场景，是南昌县开展“网格驻点日”活动的一个缩影。今年，南昌县启动创新社会治理网格化管理工作，在建成区社区以300户至500户为一个单元，在农村以行政村或若干个村民小组为一个单元，共划分1281个基础网格，并将管理、服务、自治等工作内容纳入网格中。同时，该县确定每周星期三为“网格驻点日”，全县1296名县直机关干部与万名基层干部一道进驻网格，面对面地听取群众意见，切实解决在责任网格内发现的问题。这种创新社会治理的扎实举措，迅速得到了当地老百姓的欢迎，有群众感慨地说：“政府能把老百姓家门口的事情办好，老百姓当然就会竖起大拇指啦。”

“把老百姓家门口的事情办好”，既是人民群众的朴素愿望，也是各级党委、政府在创新社会治理中努力的方向。近年来，一些地方的经济发展成效明显，但党风廉政建设社会评价和公众安全感测评的结果却总是不能让人满意，创新社会治理工作成为制约区域经济社会发展的一块“短板”。有些党员干部对此感到困惑：为什么我们把近一半的可用财力用于改善民生，群众还不满意？为什么我们在党风廉政建设方面动真碰硬、重拳整治，群众还不认可？为什么我们在平安建设上不断开展专项行动、严厉打击违法犯罪行为，群众还不认同？这些问题若回答不好，相关工作就会停滞不前。

当前，构建与发展社会主义市场经济相适应的社会管理新格局，实现社会和谐稳定，是社会各界关心的重大现实问题。党的十八届三中全会明确提出，要创新社会治理体制，提高社会治理水平。这反映了我们党对社会建设规律认识的深化，为更好地推进社会治理创新指明了方向和路径。对各级党委、政府来说，创新社会治理既是一项全新的工作，也是一项迫切的工作，等不起、慢不得，应该边实践、边总结、边完善、边改正，在千头万绪中理清思路，在统筹推进中突出重点，在有的放矢中精准发力。只要我们能紧紧围绕群众的利益诉求做文章，推动治理理念由管理向服务转变、治理方式由粗放向精细转变、治理主体由单一化向多元化转变，大力提升公共服务能力，各地创新社会治理的有益探索与实践就必定能为全面深化改革的事业增添不小的助力。

（江西日报 2015.6.18）

第二章　现代化综合新城的战略构想

第一节　对话主题：打造现代化综合新城

记者：南昌县是个有着两千多年历史的千年古县，可是步入其中，现代化的气息又时时萦绕身边。青山、绿水、古城，构成了别具风味的现代南昌。南昌县是如何借助自身自然资源优势，来实现快速发展城市化进程的呢？

郭毅：哈哈！我们南昌县确实是很美，极具古朴韵味又兼具强烈的时代气息，欢迎你们多来做客啊！我们现在还在“建设现代化综合新城，打造魅力南昌”的道路上不断前进，未来的南昌县肯定会更加美好。

南昌县除了自然环境很吸引人之外，这些年，整体的市容市貌都有很大的进步。你看县里主干街道的修建、拓宽，城区环境的绿化、美化，都让这座城市越来越适合居住，适宜投资。如今，走进南昌县，看到的是宽阔整齐的街道，清新的绿化带，整齐划一的住宅区、商业区，还有独具欧洲风情的生活社区，美不胜收啊。可以说，我们南昌县正以一个崭新的面貌展现在世人面前，并且还将变得更加迷人。

近年来，南昌县不断加速推进新型城市城市化建设的进程，并取得了巨大的成果。在感受南昌县魅力的同时，我们也需要就这个问题思考与探讨一下。一般来说，城市化是人口由农村向城市转移的过程。一个国家或地区的城市化水平，通常是以城市人口占这个国家或地区人口的比例，即城市化率来表示的，但是其内涵的复杂程度远远不是单纯用人口转移就可以反映出来的。可以说城市化是一个国家或地区经济社会发展程度的综合性标志。

城市化的发展形态有两种模式，或者说有两条发展道路：一是人口转型的城市化，强调的是人口由农村向城市的空间转移；二是结构转型的城市化，强调的是地区社会经济结构由传统社会向现代社会的转型。显然前者是城市化的初级形态，后者是城市化的高级形态。城市化的发展道路，必然会由初级形态向高级形态转变，即人口转型的城市化必然会向结构转换型的城市化发展。建设现代化综合新城，是我们城市化很重要的一个步骤。

记者：建设现代化综合新城？听着挺有意思的，您能为我们详细介绍一下南昌县建设现代化综合新城的构想具体是怎么样的吗？

郭毅：我们都知道，思想是行动的先导，只有解放思想到位，发展才能进位。可是再好的想法都要立足于县情，才能发挥出应有的作用。我们建设现代化综合新城战略，就是立足现实总结出来的合理规划，不管具体的布局是怎么样的，我们的根本目的都是为了更好、更科学的发展南昌县，让县的百姓能过上更好的生活。

要是在多年前问南昌县的工业概况，大家给出的回答肯定是一脸茫然。在小蓝经济开发区成立之前，人们在脑海中总是把南昌县工业和烧砖头、禽蛋加工等初级工业模式联系起来。在没有工业园的岁月里，汇仁制药一家企业的税收就占到全县财政收入的50%以上，那个时候有一句玩笑话，汇仁制药一打“喷嚏”，全县工业经济就要跟着“感冒”。

在工业化时代，县域经济如果继续以农业为主线，注定前途的坎坷。我们顶着江西“首府首县”的光环，县域经济一定要练出一副“好身板”才行。怎么办？只能是大力建设现代化综合新城，构建一个连接生产、生活、工作和休闲的综合体，最大限度的便利老百姓的生活和工作，更加有序的促进经济和谐、快速的发展。

南昌县建设现代化综合新城的战略方向，具体来说是这样的：以小蓝经济开发区为核心，以向塘物流基地为重点，打造现代化工业新城；以武阳、南新等乡镇工业集中区为基地，打造中小企业产业园；以昌南组团莲塘、小蓝经济开发区、昌南新城、向塘、银三角五大片区为重点，完善城市基础设施，提升城市管理水平，繁荣发展城市产业，着力经营城市综合业态，建设南昌大都市圈的重要组成部分，打造与南昌主城区“基础设施一体化、功能定位错位化”的现代化综合新城；以环南昌绿色蔬菜产业带，蒋巷、黄马核心示范园，优质水稻重点区、生猪标准化规模养殖重点区、水产健康养殖集中区等“一带两园三区”为布局，打造城郊生态型国家现代农业示范区；以实施普惠化、均衡化民生工程为根本，推进城乡基础设施更加完善，使社会事业日益繁荣，群众幸福指数明显提高。

记者：我们建设现代化综合新城的战略目标，实现得怎么样了？取得了哪些成绩？

郭毅：2011 年换届以来，在省委、省政府和市委、市政府的坚强领导下，全县上下紧紧围绕“跻身全国五十强县市，建设现代化综合新城”的战略目标，自我加压、勇担使命，确实取得了一些成绩。特别是去年，我县积极响应南昌市发出的“强力实施工业、服务业、新城建设、旧城改造”四个“三年强攻计划”，迅速掀起新一轮产业发展和新城建设高潮，为努力实现打造核心增长极“两年有看头”的目标注入了新的活力，更加速了建设现代化综合新城战略目标实施推进。

工业经济优势放大，全县工业用电量增长24.7%，分别高出全省、全市14.7和23.6个百分点；工业税收完成16.9亿元，增长54.3%，占总收入的比重38.2%，同比提升近10个百分点；汽车及零部件产业集群成为全省首批20个省级工业示范产业集群之一；世界500强江森自控、全国医药知名企业济民可信、食品饮料“大鳄”加多宝、央企招商局物流和投资20亿元的测绘地理信息“主题式”产业园等重大项目相继落户，江铃股份50万辆整车、江铃控股15万辆整车及集成电路产业等“引爆”项目正在进行商务谈判。三产短板劣势补齐，全县新增个体工商户增长90%，电子商务总交易额突破28亿元，月星家居、法国欧尚、天虹商场等7个三产项目完成主体工程，全省首家县级沃尔玛正式开张营业。

此外，城乡一体化、城市管理体制改革等率先突破。2014年我县在全省率先建立了农村土地流转服务体系，率先启动水稻保险等系列保险制度，全县早稻产量、农村土地流转面积、家庭农场数量等实现“十个增”；在全省县区率先设立规模达6亿的创投基金，成功引进中航证券和国盛证券入驻县域，填补了非银行业金融机构的不足。66件民生实事扎实推进，各项社会事业全面发展，群众幸福指数和公众安全感得到提升。

记者：我们在推进现代化综合新城建设的过程中，有没有遇到什么困难与挑战？

郭毅：困难与挑战肯定是有的，而且还是综合的因素，解决起来比较困难。这个时候我们更需要保持清醒的头脑，准确地把握当前遇到的一些难题。

一是经济下行压力加大。与2014年同期相比，有几项经济指标增幅出现回落，经济下行压力和不确定因素十分突出。二是生产要素制约明显。随着我国经济开始由高速增长迈进中高速增长阶段，企业用工难、融资难、用地难和经营成本高的“三难一高”问题更加突出，投资意愿减弱；而因天气、材料等造成的项目推进速度不快的问题也不容小视。三是发展环境亟待改善。服务意识不强、服务水平不高、发展环境不优等问题依然存在，少数职能部门还相当程度地存在“中梗阻”“下搁浅”，不作为、慢作为、乱作为的现象，少数干部干事创业的担当精神和进取意识需要进一步增强，“四风”问题还时有反复，等等。

出现这些问题，既有我国经济进入增长速度换挡期、结构调整阵痛期、前期刺激政策消化期三期叠加的外在影响，也有我们自身眼界不高、视野不宽、办法不多、举措不实的内在因素。对此，我们要冷静分析、理性看待全县经济发展出现的新常态，看到尽管经济增速有所回落，但结构、质量、效益逐步改善，经济保持中长期较快增长的基础并未改变。省会近郊的区位优势，国家及省、市政策的叠加效应，沿海地区制造业的加速转移，特别是受经济结构转型调整、外需持续疲软以及资源类产品价格回落等因素影响，一些经济外向型和资源依赖型地区的发展速度明显放缓甚至呈现出负增长，都为我们赶超发展提供了有利条件。

记者：看来县里对存在的困难和问题分析得很透彻。“知不足方有大进步”，既然看到了不足，那么下一步有什么样的战略构想，准备通过哪些方法途径来更好实现地现代化综合新城建设？

郭毅：建设现代化综合新城的目标，我们只能说初步实现，要完全实现还得要靠我们不断地发展和维护，与时俱进的建设综合新城，只有这样才能在日新月异的改革环境中不断处于先进有利的地位。关于下一步的新的战略构想，主要是三点。

一是塑造宜居中心城区。随着城市化的不断发展和居民生活水平的不断提高，人们对城市的“宜居性”有了更迫切的需求。我县将按照建设中等城市的标准，围绕“改造老城区、提升新城区、对接主城区”的思路，坚持高起点规划、高标准建设、高水平管理，不断提升建设等级和管理水平，完善功能配套，推动基础设施、城市形态和城市管理与市区无缝对接。同时，按照“绿在城中、城在绿中”的思路，加快创建省级园林县城、省级文明县城和国家卫生县城，精心打造宜居宜商宜学的优美县域环境。

二是打造现代特色城镇。城镇化是实现现代化的基本推动力，也是加快县域经济发展的强大动力。按照差异化、特色化发展的思路，着力打造一批生态型、产业型、文化型的现代新型城镇，全面启动蒋巷都市现代生态农业、幽兰佛教旅游、黄马花卉观光与蚕茶文化三个特色镇建设，切实提升特色城镇承接县城、带动农村的桥梁纽带功能。

三是建设活力农村社区。新型农村社区建设是统筹城乡发展的结合点、推进农村城镇化的切入点、促进农村发展的增长点。按照整合资源、适度集聚、节约用地、有利生产、方便生活的原则，加快农民集中居住区规划编制，推进村庄布局调整，全面启动“空心村”治理和旧村改造为内容的新型农村社区建设，不断完善农村社区公共服务功能，引导农民集中建房、集中居住。按照“面上抓重点、点上出亮点、集中攻难点”的思路，继续抓好以产业强化为根本的“五化”集中整治，努力打造活力农村生态家园。

记者：有这么明确的战略思维，相信下一个目标也能在不久的将来变为现实。我们现在就很期待看到几年后更具特色的南昌县啊。

郭毅：好啊，到时候欢迎你们再来做客，肯定又是一番新模样！

第二节 对话主题：成功转型 无缝对接省会

记者：谢谢郭书记的邀请。对了，我们第一次从南昌市到南昌县，要不是司机师傅提醒，都不知道已经到了县里，感觉没有什么分界或区别，看来南昌县和省会南昌实现无缝对接了呀。

郭毅：你的感觉很对啊。相比以前，现在的南昌县高楼大厦林立，街道宽敞整洁，县里的整体规划和建设都跟上了发展的步伐。很多来我们县里投资和旅游的朋友们都说我们南昌县不像个县，像个城市。我们听到这些话心里很安慰。

说到县里和市里的联系，从地图上我们能够很明显的看到，我们县位于南昌市的南部，是市里的“南大门”，随着南昌城区框架的进一步拉大，城市扩张的前沿已延伸至南昌县县域版图，带来的发展机遇前所未有。我们要想真正的发展好南昌县，必须依托省会的便利区位优势。所以我们一开始就坚定了“对接大南昌、融入大南昌”的发展思路。南昌县要完成从“市郊县”到“市县同体”的历史性转变，面对的是“市县不同体”现状的客观存在，主要体现在交通、城建等方面的标准差异。要使县城与南昌城区实现无缝对接，关键在于弥补这些差异，在道路、排水、绿化等方面进行一体化建设。就拿道路建设来说，我们县一些已经建成的城市道路，平均每公里的投入就高达4000万元，已经达到了高速公路的资金投入量。

另外，在南昌县大发展的过程中，我们紧紧抓住鄱阳湖生态经济区建设及打造昌南组团的历史性机遇，全力构建“统筹城乡一体化制度改革试验区”。在推进新型城镇化建设的过程中，严格按照“高起点规划、高标准建设、高水平管理”的原则，以城市建设的标准来推进各项工程的实施。

不仅如此，我们还着眼于从“南大门”到“南中心”的定位之变，致力于打破县域内条块分割的制约，坚持把莲塘核心区、小蓝经济开发区、象湖新城区和向塘商贸物流区统一规划、统筹建设、统一管理，促进四位一体、互动发展。经过全县人民一致的努力，终于初步完成了市县无缝对接的心愿，这是我们大家团结一致的结果。

记者：不像一个县，像一座城市，我也有这种感觉。咱们南昌县的县城，环境优美，时尚感很强，可见南昌县的商贸业很活跃啊。

郭毅：是的，近年南昌县商贸业实现“井喷发展”，沃尔玛省内首个最新一代标准店、法国欧尚、月星家居、嘉莱特国际酒店等重大三产项目开张营业，新洪城大市场等项目开工建设，全县新增个体工商户增长41%，电子商务总交易额突破60亿元。金融业“高端拓展”，成功引进中航证券和国盛证券入驻县域，弥补了非银行业金融机构的不足。物流业“蓄势待发”，中国十大物流公司招商局物流、平安物流等一批行业领军企业相继落户，一个区域性物流中心正加速形成。建筑业“抱团扩张”，全省首家建筑科技产业园启动建设，建筑企业发展至166家，占全省1/9；实现总产值近700亿元，占全省1/6，“中国建筑之乡”名至实归。

记者：我们知道，南昌县是一个传统农业大县，也是江西工业强县，现在又大力发展商贸业。三产融合有效推动了南昌县的城市化进程。在“接二连三”、三产融合方面南昌县有什么好经验？

郭毅：是的，我们县素有江南粮仓美誉。我县连续十二年获“全国粮食生产先进县”称号，并成为全国18个国家统筹城乡改革试验县区之一。农业总产值、市级以上龙头企业和绿色有机无公害农产品数量均位居江西省第一。

近年，随着区位优势的不断开发、生产技术的不断革新，我县工业和商贸业发展迅猛。农业本身就具有多功能性，不仅有生产功能，也有生态、生活、文化等功能。每一种功能都会衍生出无限可能。所以，我县着力推进农业向二产、三产的延伸，形成生产、加工、销售、服务一体化的完整产业链，实现农业大县转型升级，激发城市发展活力。

我县加大扶持农业社会化服务体系，对农业企业分类管理，县财政安排1800万元资金扶持农业产业化，向龙头企业、加工流通环节、产业融合发展倾斜，引导上市企业、大型龙头企业投资现代农业。例如煌上煌集团落户我县小蓝经开区后，小鸭子长成大产业，通过公司+合作社+农户，13个肉鸭合作社带动2500余养殖户，创造农业产值1.89亿元。

南昌县还推动农业由“生产导向”向“消费导向”转变，把产业链、价值链等现代理念逐步引入农业，打造了许多农业品牌。例如龙头企业昌碧米业集团，以“公司+农户+基地”模式，保证了大米生产标准化，主导产品“昌碧”大米被认定为A级绿色食品。“公司+商标+农户”，带动成千上万农民增产增收。稻香园食品公司凭借“稻香园”商标，产品还远销北京、上海等市场，成为全省知名的豆豉生产企业。

农业与旅游业的结合发展就更加普遍和有效，一批特色各异的“农家乐”经营体如雨后春笋般兴起。比如黄马乡凤凰沟4A级景区，塔城乡玉明生态农庄，蒋巷镇国鸿生态园、湖光山舍农庄等，吸引了四面八方的游客，充分展示了农业与旅游业的“连接”效应，成为南昌县产业融合助推城市发展的生动写照。

☞资料链接

农业大县有没有“钱景”？

江西省南昌县推动一、二、三产业融合

“1+2+3”加法怎么做？

生产导向转向消费导向，产业链、价值链引入农业

一只鸭子能有多大效益？在南昌县罗舍村养殖户张宏伟看来，一只鸭子出栏大约6.5斤，能卖到25—26元。

而在江西煌上煌集团食品公司生产线上，鸭肉制成卤鸭，鸭血提取血肽素，鸭骨制作超细骨泥……一只鸭子增值几倍，甚至十几倍。

南昌县是江西省传统农业大县，农业资源丰富。然而农业大县不是农业强县，龙头企业不大，农业产业链不长，农民增收速度不快。

南昌县县委书记郭毅说，发展“六次产业”，推进农业向二、三产业延伸，形成生产、加工、销售、服务一体化的完整产业链，才能实现农业大县转型升级，让农民从“1+2+3”“1×2×3”中分享更多增值收益。

政策扶持。南昌县对农业企业分类管理，县财政安排1800万元资金扶持农业产业化，向龙头企业、加工流通环节、产业融合发展倾斜，引导上市企业、大型龙头企业投资现代农业。

煌上煌集团落户小蓝经济开发区后，让小鸭子长成大产业。通过公司+合作社+农户，13个肉鸭合作社带动2500余养殖户，创造农业产值1.89亿元。集团总裁褚建庚说：“企业发展离不开政府扶持，离不开农户支持。目前集团建成30个肉鸭养殖基地，形成集生产、供应、销售为一体的产业链，公司上市第一年市值达到388亿元。”

企业带动农户增收。养殖户王双喜说：“签了订单价格有保障，每斤鸭肉比市场价高2毛钱。”初步统计，煌上煌每年带动农民增收2800万元。

农业如何“接二连三”？

南昌县推动农业由“生产导向”向“消费导向”转变，把

产业链、价值链等现代理念逐步引入农业。

荸荠是三江镇的特产，全国闻名。然而，荸荠贮藏时间只有2到3个月，如何尽快出手，一直是让当地农民头疼的事情。

90后小伙刘伟伟，乘着“互联网+”春风，通过网络为自家400亩荸荠找到销路。“到今年初，网上销售的马蹄有60多万斤，销售额120多万元，占马蹄总产量的40%。”刘伟伟说，政策引导下他成立了公司，只需一个手机软件、一组网络账号，便能赚到好价钱。

而广三农业发展有限公司，则通过“深加工”提升附加值。“关键还是要瞄准市场。”公司负责人刘建平介绍，人工挖掘荸荠，个头大能当水果拿到市场去卖，而小一些的、操作损伤的往往丢弃，这会造成很大的浪费。公司通过深加工，将荸荠切丁、装罐，不仅最大化利用资源，还能从品牌中获得附加值。

大米、米粉、味蛋……在南昌县，像三江荸荠一样的农产品还有很多，全产业链不断延伸，土特产走上城市餐桌，正不断释放着倍增效益。

农业内部发生啥变化？

扶持社会化服务，发展品牌农业，推动农业脱胎换骨转型

发展六次产业，农业内部也需要脱胎换骨。第一个问题是分散生产如何对接产业化？

南昌县加大扶持农业社会化服务体系。泾口乡小莲村种粮大户陶成标自己耕种了1000多亩土地，同时，他还是标兴农技农机服务合作社负责人。合作社拥有各类农机160多台，每到农忙时节，合作社就外出“接单”。

“拿水稻插秧来说，一台高速插秧机一天就能完成50亩田，如果靠人工，得要60多个人。在‘双抢’季节，时间紧，人手不足，机械操作十分必要。”陶成标说。

他的机械不光能在田中驰骋，还可以直上云霄。他曾使用农用飞机撒农药，开创了当地“飞机种地”的先河。这些年，为了节约成本，他又看中了一种遥控小飞机。“有啥新式农机，我的合作社都会买一些，与时俱进为农户们提供更好的服务。”陶成标说。

陶成标并非个例。今年，幽兰镇正试点农技超市，邀请农业社会化服务组织入驻，从插秧、撒药到收割，农业生产的全程服务都可供农民挑选，农活包干、职业代种等服务日益兴起。

第二个问题是咋打响农业品牌。在推进农业产业化进程中，南昌县意识到品牌建设重要性。有关负责人说，南昌县目前农业品牌十余个，但真正有影响力的只有两三个，打造品牌的过程就是实现农产品增值的过程。

培育农民合作社。向塘镇剑霞村万金秀尝到了好处：“有了合作社打出的品牌，我们的瓜果非常抢手，一摘下来就卖光了！”

健全农产品质量标准体系，以加工业标准化带动发展绿色农业。龙头企业昌碧米业集团，以“公司 + 农户 + 基地”模式，保证了大米生产标准化，主导产品“昌碧”大米被认定为 A 级绿色食品。

“公司 + 商标 + 农户”，带动成千上万农民增产增收。稻香园食品公司凭借“稻香园”商标，产品还远销北京、上海等市场，成为全省知名的豆豉生产企业。

“1 × 2 × 3”效应咋发挥？

向农业深度和广度进军，打造“六次产业”综合体

蓝天白云，碧水荡漾，塔城乡水岚州宛如动人画卷。坐落在这里的玉明生态科技魏家山庄，通过现代农业示范园辐射作用，带领当地农民朝着致富小康前行。

山庄负责人魏玉华说，以工业化理念发展园区，用市场化办法经营园区，用现代化科技提升园区，深度融合一、二、三产，

形成一条脉络清晰的产业链：山庄有1100亩水面，350亩无公害蔬果基地，200亩特种禽畜养殖基地。目前形成了生态农业区、葡萄园区、水产养殖区、特种养殖区（羊驼）、水上运动区、休闲娱乐和乡村旅游七大特色产业。魏玉华介绍：

一产方面，公司依托“魏家山庄”商标，在城区设立了直销店，市民直接点单，可尝到从“田间”到“餐桌”的绿色农产品。

二产方面，除农产品加工包装生产外，农庄饲养羊驼的羊肉用分隔机进行深加工，羊驼的血液用于生物科技公司产品研发。

三产方面，开展休闲农业活动，有桑葚、葡萄、莲蓬等果品供采摘，还将围绕水岚洲打造“海岸线”风景，为城市居民休闲娱乐提供去处。

魏玉华介绍，去年农庄的总收入300多万元。今年，羊驼出栏和种养规模扩大，预计收入在千万以上。

多元化产业给当地农民提供了许多就业岗位。塔城乡湖陂村村民张惠良说：“原来种地收入不高，如今在农庄里种葡萄，我技术好，去年一年收入有10万多元。”

“周末带家人来这边不光可以吃农家菜，还有很多休闲娱乐活动，小孩玩的娱乐设施也有，可以算是南昌的后花园了。”家住南昌县梦里水乡的刘婕女士说。

玉明生态科技魏家山庄，可谓是“六次产业”综合体的新秀。而在南昌县，诸如国鸿生态园、黄马凤凰沟蚕桑茶研所等已为市民所熟悉。

按照规划，南昌县正努力建成一批优质农产品生产基地，培育壮大一批辐射带动力强的农业产业化龙头企业，建立一批特色各异的“农家乐”经营体，六次产业将推动农业现代化跃上新台阶。

（人民日报.2015.7.12）

第三节 对话主题：千年古县的现代服务业

记者： 接二连三，产业融合，这可是一个发展大课题。对于南昌县的服务业情况我们很感兴趣，请郭书记详细介绍一下。

郭毅： 服务业一直是我县经济发展的短板和劣势，我们始终把加快服务业发展摆在更加突出位置，在发展第三产业方面做足了功夫。我们对服务业坚持的思路是：咬住不放、力度不减、循序而上，进一步推动服务业发展提速、比重提升、贡献提高。

一是优化产业布局。围绕结构合理、功能完善、特色鲜明的现代服务业体系，进一步修订完善现代服务业发展规划，优化服务业空间布局，建立健全政策支持和制度保障体系。

二是做大产业规模。坚持生产性服务业与生活性服务业并重、传统服务业与现代服务业并举，深入推进“产城融合”，积极承接中心城区的服务业态转移，大力发展生产要素市场、商贸服务、现代物流、休闲旅游等七大业态，切实提高服务业在经济发展中的比重和水平。加快向塘物流基地建设，着力引进一批类似招商局物流、平安物流的“寡头”企业，加快形成集聚之势。抓住电子商务快速发展的契机，加快出台相关扶持政策，进一步增强电子商务对商贸流通行业的提升和带动功能，促进商贸服务业做大做强。

三是强化载体建设。服务业集聚区是现代服务业发展的重要载体。坚持以新洪城大市场等重大重点项目为依托，加快打造新洪城商圈服务业集聚区、千亿建筑科技产业园等八大服务业集聚区，进一步推动服务业向规模化、集约化、品牌化发展，从根本上破解我县服务业低、小、散的格局。我们会不断提高第三产业比重，力争到今年年底，社会消费品零售总额达到122亿元！

☞资料链接

发力商贸服务业补齐发展“短板”全国网媒聚焦南昌县

“出彩南昌县·网聚江西SHOW动赣鄱”2015全国网络媒体大型采风行活动正式启动。当日，全国网媒记者采访团齐聚南昌县，聚焦该县商贸服务业发展升级新方向。据南昌县商务局负责人介绍，南昌县正努力克服商贸服务业“短板”，不断提高服务业在经济发展中的比重和水平，力争今年社会消费品零售总额达到122亿元。

发力商贸服务业补齐发展“短板”

“全国百强县”“中国工业百强县”“中国建筑之乡”……近年来，一个个崭新的荣誉烙印了南昌县砥砺奋进、不断前行的发展升级新足印。但为了全面发力“四个强起来”，南昌县近年来正积极补齐发展“短板”，坚持用抓工业的理念、抓工业的热情、抓工业的举措，把服务业摆在更加突出的战略地位，坚持不懈地抓项目、调结构、促转型，在抓好传统服务业发展的同时，大力发展现代服务业，不断提高服务业在经济发展中的比重和水平。

物流产业、电子商务方兴未艾

据介绍，南昌县重点实施向塘物流基地“北接”战略，实现小蓝—向塘一体化发展。积极引进知名物流企业进驻园区，引导有条件的运输、仓储、商贸企业向物流企业转型。培育专业物流配送中心和区域性商品集散中心，形成第三方物流企业集聚区。加快平安物流、招商局物流、向塘铁路货场、赣电物流等项目的建设和推进速度。此外，依托新洪城大市场、鹿鼎国际红酒城等专业市场，着力打造“专业市场电子商务”品牌。

重点加快打造瓷肌电子商务项目为龙头的电子商务产业园，引导电子商务企业抱团发展，加快特色农产品网上推广销售，实现“线上市场”与“线下市场”互动发展。

以重大项目为支点深入推进“产城融合”

据悉，南昌县目前正在推进的重大商贸服务业项目共42个，其中，盛汇城市广场、中影影城、演武广场、天虹商场等都将在2015年7月底实现开业；加利福商业广场、红星美凯龙等项目将实现年底主体竣工；新洪城大市场主市场年底主体竣工，预计2016年开业，项目正式投入运营之后，预计每年实现交易额960亿元，上缴利税10亿元。

南昌县商务局相关负责人表示，近几年来，南昌县在发展第三产业方面做足了功夫，围绕建设现代化综合新城目标，深入推进“产城融合”，全面提升传统服务业，大力发展生产性服务业。加快构建向塘铁路公路枢纽型物流基地和象湖高端商贸服务圈、环澄碧湖综合商贸圈、银三角都市型休闲服务商圈的“一基地三商圈”发展格局，突出发展现代物流、建筑产业、总部经济、文化创意、现代金融、特色旅游等业态。重点依托向塘铁路公路物流基地、千亿建筑科技产业园、昌南新城滨江商务区、泰豪动漫产业园等项目，加大省级现代服务业集聚区和省级服务业龙头企业创建力度，不断提高第三产业比重。据介绍，今年南昌县将加快七大业态的发展和八大集聚区的打造，加快服务业“一基地三商圈”发展格局形成，力争2015年实现服务业投资突破330亿元，服务业营业收入累计突破600亿元，社会消费品零售总额完成122亿元。

（中国网 2015.7.9）

记者：作为“首府首县”，南昌县是一个历史悠久、且具有深厚文化底蕴的新型城市。请谈一谈南昌县是如何发挥优秀历史、文化传统，并使之全面服务于经济建设的？

郭毅：我们南昌县是一个有着悠久历史和文化内涵的千年古县，始建于西汉，汉高祖5年，公元前202年，从大将灌婴筑城建县开始，到现在已经有2200多年的历史。灌婴希望以这块“南方昌盛”之地来“昌大南疆”：取“南方昌盛”和“昌大南疆”之意，南昌之名由此得来。南昌是历代县治、郡府、州治所在地，从建成之日起便一直是江西政治、经济、文化的中心，历来繁荣昌盛。2006年南昌县被联合国地名专家组授予“神州千年古县”的称号。

南昌县人文历史源远流长，人才辈出，从开设科举制度开始，县里便出了不少的状元、榜眼和探花，入志并立传的知名人物达数千人之多。悠久的历史积淀了厚重的文化底蕴。我们县是南昌采茶戏的发源地，共有民间剧团8个，文化馆1个，乡镇文化站16个，公共图书馆1个，博物馆1个，电影院16个。良好的文化氛围培育了一批批杰出的人才，为我们经济建设提供了强有力的人力资源保障。

在浓厚的古韵气息的熏陶之下，我们南昌县的美景也是充满灵气的。我们有全国最美乡村、著名画家黄秋园的故里黄马，这的樱花节在省内十分有名，每年都能吸引不少游客前来踏青。还有宗教文化兴盛集聚地幽兰，常有虔诚的拜谒者慕名而来。此外，我们现代农业示范庄园蒋巷的休闲垂钓也是闻名省内外。这些看上去都是不起眼的旅游文化活动，但是每年给县里经济做的贡献可不能小看。随着近几年县里旅游产业的迅速发展，旅游业已经成为拉动县域经济社会快速发展、群众增收致富的重要渠道。

记者：是啊，大家都十分关注工业、农业的发展，其实第三产业的作用在现代经济发展中也是不容忽视的。发挥传统优势发展旅游业确实是条好路子，县里为此都有哪些具体的动作？

郭毅：县里结合实际提出启动了县域旅游“一圈三线十点”建设，即为南昌市民打造一个半小时生态旅游圈，发展以黄马为主的南线，以蒋巷为主的北线及以塔城水岚洲为主的中线等三条精品线路，打造幽兰马游山、中国武阳·红楼景观旅游文化示范地、塔城水岚洲、黄马“两江”生态旅游走廊、莲塘澄碧湖公园、象湖新城、蒋巷生态农业与湿地科教基地、冈上教授村、三江后万村、广福永木黎村等十大旅游景区。在我们打造旅游产业的时候，涌现出了凤凰沟风景区、湖光山舍田园农庄、国鸿生态园等一批先进乡村休闲农业旅游企业，赢得了社会的一片赞誉，这对我们的工作来说是个很大的鼓舞。目前，南昌县有国家 4A 级景区 1 个，国家 3A 级景区 3 个，江西省 4A 级乡村旅游点 1 个、3A 级乡村旅游点 6 个，江西省乡村旅游示范点 3 个，南昌市乡村旅游点 25 个，南昌市特色旅游景区 1 个。垂钓基地和小型农家接待点更是遍布各个乡镇。我县凤凰沟风景区已入围江西省新十大景区 20 强，黄马桐树下新村线路也被评为南昌市乡村旅游精品线路一等奖，黄马乡的樱花节、桂花节和蒋巷镇的民俗文化节在省市都具有一定的影响力。

☞资料链接

看樱花不去武大，南昌也可以！

昨日上午，由南昌市旅发委、江西省凤凰沟风景区主办的“樱雨寻踪”江西黄马凤凰沟第八届南昌樱花节开幕仪式在八一广场拉开了帷幕。据了解，此次樱花节将持续至 5 月 3 日，而在樱花节期间，凤凰沟景区还将为游客奉上 5 大主题活动。

开幕式现场送出 50 余张景区门票

昨日上午 10 时许，在八一广场，凤凰沟第八届南昌樱花节准时开幕，精彩的节目、如诗如画般的凤凰沟摄影作品吸引了百余名市民前来“围观”。“武汉大学的樱花比较出名，但距离较远，现在我们南昌也有这么大规模的樱花谷，如果天气好，我就跟朋友一起去玩。”正用手机在现场拍照的梁小姐告诉记者。

记者了解到，只要在开幕式现场发微信朋友圈，将凤凰沟南昌第八届樱花节的信息传播，在开幕式结束时该条朋友圈获得 10 个点赞就能得到一张免费门票，据统计，现场总共有 52 人获得了免费的门票。“这些是我们答题获得的礼品，以前就知道凤凰沟景色好，不知道那边的特产也这么好吃。”刚刚参加有奖竞猜环节并获得礼品的市民姚奶奶告诉记者，她拿到了一盒凤凰沟特色的桑叶桃酥，尝过之后赞不绝口。

市民化身“吃货”垂涎凤凰沟美食

在活动现场，一块块宣传展板上介绍了凤凰沟的各式特色，中国摄影家协会、江西摄影家协会的摄影师们拍摄的凤凰沟美景图、凤凰沟内桑蚕养殖基地及其特产的介绍，还有凤凰沟美食介绍等展板前都围满了市民。

记者注意到，凤凰沟美食展板是最多人驻足的展板。桑叶肉丸、桑叶糕点、桑叶豆腐、桑叶蒸蛋、桑叶炸龙虾、桑叶饺子、桑叶馒头等等只能在凤凰沟才能尝到的美食，让市民们直呼一定要带着家人朋友一起去尝一尝。市民廖女士今年春节前就去过凤凰沟看梅花，“当时吃了桑叶馒头，实在是太美味了，后来还打包了 30 个回来送朋友。”随后，廖女士更是向旁边的市民推荐起了用桑叶烹制的各式美食。

景区还将主办 5 大主题活动

“本届樱花节 3 月 18 日开幕，将持续至 5 月 3 日。”凤凰沟工作人员介绍，在樱花节期间，景区还将举办5大主题活动，邀请全市市民来凤凰沟参与“春天的盛会”。

据了解，自3月初开始到4月20日，在凤凰沟的玉兰园和茶海都将举行不同主题的活动。在玉兰园，萌萌的小山羊将带着游客去赏春花；而在茶海，风铃节也正如火如荼地开展，古典的、现代的、日系的，各式各样的风铃将齐集茶海，同时凤凰沟景区将把这些风铃送给广大爱花的朋友。

在4月下旬，凤凰沟茶海将举办“凤凰沟千人采茶舞”，这个采茶舞也是吉尼斯世界纪录申报活动，参与其中的人将获得吉尼斯纪录证书或纪念牌。而在5月1日至3日，一场茶的盛会将在凤凰沟茶博馆举行，届时市民将感受到博大精深的茶文化。

（南昌日报2015.3.19）

记者：县里为什么决定大力开发旅游资源？是目前的市场环境变好了吗？有没有其他因素的考虑？

郭毅：旅游业作为世界公认的朝阳产业，当前已经成为全球经济发展势头最为强劲的产业之一，其发展速度、综合效益、带动能力均居各产业的前列。作为第三产业，旅游业需要的人员多，污染小，回报高，能够解决我们遇到的很多现实性的问题，加快壮大旅游产业，开发利用旅游资源，对拉动经济社会又好又快的发展具有十分重要的意义。它的发展能够有效带动交通运输、邮电通讯、商业、餐饮、金融保险以及文化卫生等第三产业的发展。根据专家测算，旅游收入每增加1元，就可以带动相关行业收入增加4.3元，旅游业每增加1个直接就业人员，就能带动5个就业岗位，旅游业的影响力和贡献度不可小觑。

对我们南昌县来说，加大旅游业的发展，一方面是为了促进经济的发展，从“钱”的角度考虑，旅游业的不断繁荣，可以改善投资环境，积极参与经济合作，有利于形成人流、物流、资金流和信息流，增强经济活力。随着旅游业发展和旅游形象的不断提高，其产业带动作用是显而易见的。另一方面，从“情”的角度来考虑。旅游业是高度开放的产业，也是县里对外开放的桥梁和重要途径。大力发展旅游产业，有利于提高我县对外知名度，这对每个南昌县人民来说都是脸上增光的事情。赚钱又长脸，何乐而不为啊？

记者：郭书记对于南昌县旅游业的前景很有信心啊。能不能和我们大家一起分享一下您的信心之源啊，在旅游市场竞争激烈的当下，我们县的旅游资源有哪些优势？

郭毅：首先是我们的地理位置，之前也提到了，我们处于“中部崛起”的核心位置，拥有四通八达的交通体系，距离东南沿海地区主要城市上海、杭州、宁波、厦门、深圳、广州等，都只有6-8小时的车程，对于旅游业来说，我们有地理交通优势。这是天然的地理优势，我们必须好好利用起来，促进我们旅游业和其他产业的发展。另外我们的旅游资源也十分丰富。南昌县枕鄱湖、挽赣江、牵抚河，江南水都妖娆多姿；南昌县浸淫悠久的历史文明，积淀了丰厚的文化底蕴，这里有曹雪芹祖籍“曹骆”、黄秋园故里“马桥”、朱耷隐居地“介岗”、黄巢放马“黄马”、永王李璘故居“永木”、状元舒芬故里“梓溪”、百年古村“后万”、教授村“月池”；南昌县还充分依托农业优势，大力发展休闲农业和农家乐，为全县旅游业增添新亮点。

记者：发展旅游业，没有政府的支持是不行的，请简单介绍一下南昌县在旅游业上的政策支撑情况？

郭毅：早在2012年，我县便出台了《南昌县旅游产业发展专项资金使用管理暂行办法》，规定旅游业资金主要用于支持符合国家产业政策和全县旅游发展的旅游景区（点）建设扶持补助、旅游规划编制、旅游品牌、发展绩效奖励、旅游宣传推介、旅游信息化建设、专业技能培训及县旅游领导小组确定的其他有关项目和事项。该办法的出台使得旅游主管部门及相关企业单位对资金的使用、管理有了更加明确的了解，保证了专项资金的使用更符合国家有关法律、法规和财务规章制度以及南昌县旅游业发展总体规划和建设方向。当前，我县大力实施“旅游兴县”战略，促进凤凰沟风景区等一批国家星级景区提档升级，加大对塔城玉明生态园等乡村旅游点的扶持力度，打造南昌乃至周边地区的休闲旅游度假承载地。

第三章　一切工作都要“接地气”

第一节　对话主题：端正思想，切实践行群众路线

记者：您在指导全县各项事业发展的工作当中，特别强调各级领导干部的一切工作都要“接地气”。您着重强调这样的工作理念和工作要求，主要是出于哪方面的思考？

郭毅：我们强调各级领导干部的一切工作都要“接地气”，并不是一句口号，而是要求我们各级领导干部要经常性的联系和服务群众，要把服务群众的工作细化、分解到党员干部的日常工作中去，并列入目标考核，严格落实奖惩制度，用“倒逼”机制强化下基层的自觉意识。

我们都知道，群众工作思路不清、方法不当，轻则影响县乡党委政府服务群众的实效，重则激化矛盾影响基层的稳定。而基层群众最了解实际情况，最善于思考、最勇于创造，他们的智慧和力量，就是我们要接的“地气”。只有了解他们在生产生活中的物质和心理需求，我们才能明确日常工作的方向，寻找到解决问题的正确方法，用实实在在的工作成绩赢得百姓的信任和支持。因此，“接地气”应当成为县乡党员干部的自觉要求和必备能力。

记者：就像您说的，“接地气”应当成为县乡党员干部的自觉要

求和必备能力，那您觉得，主要从哪些方面锻炼和培养这种能力？

郭毅：总的来说，要以“践行群众路线，努力争做敢于担当的表率”，为思想行动纲领。要完成县里每年的各项任务，核心在干部，关键取决于各级干部是否真抓实干、敢于担当。敢于担当，是党的干部必须具备的基本素质；担当大小，体现着干部的胸怀、勇气和格调，有多大担当才能干多大事业。广大干部要结合正在开展的党风廉政建设和创新社会治理网格化服务活动，在思想的升华、灵魂的洗礼和党性的锤炼中真正转变作风、增强宗旨意识，以事不避难、敢于担当的精神，奋力夺取四大“三年强攻计划”的胜利。

第一，要有敢于担当的能力素养。敢于担当决不是盲目的冲动、莽撞，而是自身条件基础上的主观能动性和客观行为最大化的发挥。广大干部要以南昌县改革发展为己任，自觉地立足岗位尽职履责、增长才干，努力争当南昌县发展需要的好干部。一是树立全局的观念。当前我们有极少数干部思想狭隘、目光短浅，干工作东一榔头、西一棒槌，什么见效快就干什么，上级关注什么就抓什么，不触及、不解决根本性问题，甚至只为一时工作的便利无原则的放水、无条件的放任。还有的本位主义严重，见利抢为、无利缓为，推诿扯皮、推责揽功，特别是在县区关系处理上，个别单位和干部大局观念不强，“骄”“娇”二气盛行，严重影响了工作的衔接配合和有序推进。俗话说：“不谋全局者不足以谋一域”。党员干部只有做到识大体、知大局，才能在各种风浪和困难面前无所畏惧、敢于担当、挺身而出。我们要牢固树立“功成不必在我任”的政绩观，多做打基础、利长远、增后劲的事，正确处理加快发展与转型升级之间的关系，切忌把“不唯GDP”和“不要GDP”等同起来，努力创造经得起实践、人民和历史检验的业绩。要牢固树立“县区一盘棋”的理念，县、区唇齿相依、休戚与共、不可分割，大家务必遇事多沟通、多担当、多配合，只干不争议，齐心协力干事业、同心同德抓发展。二是提升履职的本领。我们评价一个干部，首先看他是不是守规矩、乱作为，这是底线；但更要看是不是慢作为、不作为，这是标准。如果在其位不尽其责，慢作为、不作为，或者说只讲廉政，而不讲勤政，即使表面上看，是在老老实实守规矩，实际上却是庸官。这样的干部尽管不奢不贪，但不敢担当、不愿作为的“为官不为”更是“软腐败”，危害极大。岗位是能力席位、责任系托，“为官避事平生耻”，广大干部要切实增强担当意识，敢于迎难而上，敢于挺身而出，敢于承担责任，真正做到既守规矩、又有作为。要牢固树立“有为有位、在位谋政”的理念，坚持依岗位履职、凭专业说话、按程序办事，常念知识恐慌的紧迫感，常怀本领恐慌的危机感，不断加强学习修养，注重实践锻炼，砥砺意志品格，努力做好、做精、做优本职工作，努力成为行家里手、业务能手，达到知识与岗位的统一，能力与职务的统一。三是拓宽发展的视野。当前随着南昌县经济社会的快速发展，干部能力素质与形势发展需要不相适应、不相匹配的现象越发凸显，尤其是城市规划、城市管理、产业发展等领域的专业技术人才缺口较大。比如，我们正在与中建投资产管理公司合作，拟在小蓝经开区推动集成电路产业发展，以填补江西在这个战略新兴产业的空白。但目前最大的困难不是资金问题，也不是产业基础，而是缺乏相应的专业人才。我们在自身增长才干的基础上，要牢固树立“不求所有、但求所用”的人才工作理念，大胆走出去，主动引进来，在招才引智上敢于舍得，在借智借力上善于拿来，以海纳百川的胸襟，为经济社会发展提供坚强的人才保障和智力支持。

第二，要有敢于担当的干事热情。良好的精神状态、干事热情，是敢于担当的重要前提。面临着机遇与挑战并存、发展与矛盾相随的复杂形势、艰巨任务，广大干部要进一步弘扬敢于担当的精神和勇气，激发干事创业的激情和热度，真正做到面对大是大非敢于亮剑、面对矛盾敢于迎难而上、面对危机敢于挺身而出、面对失误敢于承担责任、面对歪风邪气敢于坚决斗争。一是直面发展中的“难”。当前，南昌县的发展正处于爬坡过坎阶段，既有经济开始由高速增长迈进中高速增长阶段的稳增长之难，也有项目落户严格评审、门槛提高的促升级之难，更面临着房屋征收政策坚守、消弭攀比的可持续之难，等等。这其中，有的是我们发展的必经之痛，有的是我们自我加压的必然选择。难吗？确实难，但千难万难不发展最难。面对这些困难，我们不能消极回避，不能止步不前，必须主动担当、直面以对，以敢打必胜的坚强意志，迎难而上、克难奋进，不断开创发展的新局面。二是正视思想上的“乱”。党的十八大以来，随着反腐败斗争和作风建设的不断深入，少数干部逐渐产生了一些悲观情绪和消极思想，出现了一些反腐影响经济增长、影响队伍稳定、影响干部做事的负面论调。有的感叹“为官不易”“官不聊生”，工作“不在状态”，干事提不起精神；有的“为官不为”，认为“多一事不如少一事、少一事不如不做事、不出事就是真本事”。甚至少数人怀揣个人目的，借机故意编造谣言、恶意中伤煽动，严重影响了全县正常的工作秩序。正所谓，谣言止于智者，更要止于“治者”。我们既要有敏锐的辨识能力、坚定的理念信念，不信谣、不传谣、不造谣，心无旁骛地做好自己的本职工作；更要旗帜鲜明、态度鲜明给予有理有据的正面回应，绝不能沉默失语，绝不能避退三舍。要始终与党中央保持高度一致，坚定不移地把党风廉政建设和反腐败斗争引入向深入。三是警惕干劲上的“松”。近年来尤其是换届以来，我们发展速度较快、增长幅度较高，经济总量已经远远超过了全省第一方阵的其他县市，个别干部身上滋生了一些“老大”思想，有比较强烈的优越感，工作只求过得去、不求过得硬；少数干部习惯于安守现状，当一天和尚撞一天钟，船到码头车到站，精神懈怠，不思进取；少数干部认为我们的工作与周边县区相比目标太高、任务太重、困难太多，天天“白加黑”、月月“5+2”、年年马拉松，抱怨干得太苦、太累，干事创业的劲头有所消退，敢于担当的精神有所松懈。在这里，我觉得有必要泼泼冷水、敲敲警钟。面对巨大的发展压力、激烈的竞争态势，我们没有理由去骄傲自满，没有资本去停滞不前，必须始终保持拼争一流、敢于争先的劲头和锐气，朝着既定的目标加速奋进。

第三，要有敢于担当的浩然正气。干部有“底气”才能敢担当。我们要旗帜鲜明地鼓励褒奖担当者，鞭策惩戒不担当的行为，努力营造干部清正、政府清廉、政治清明的良好政治生态，使敢于担当、善于作为在干部队伍中蔚然成风。一是树立正确导向。要继续强化“实在实干实绩”的用人导向，把敢于担当作为选人用人的重要标准，真正让想干事者有尊严，真干事者有荣誉，会干事者有地位，干成事者有出路，让那些日常工作不负责任、关键时刻畏首畏尾的人受到警醒、没有市场。要建立健全领导班子和领导干部绩效考核评价体系，实行定性与定量相结合、待遇与业绩相挂钩的办法，切实提高考核的针对性和实效性，确保干多干少不一样，干好干坏不一样。要着力构建责权利相统一的管理体制，结合政府机构改革，探索资金切块、属地管理、权力下放等方式，改机关职能“权大、钱多、事少、责小”，为更好地指导、服务、监督乡镇工作，充分调动乡镇工作的积极性和主动性。二是严格监督管理。从前段时间教育实践活动查摆出的“四风”问题来看，很多问题都是由于我们监督管理失之于软、失之于松、失之于宽造成的。为此，我们要牢固树立“严是爱、宽是害”的理念，进一步加强对干部的监督管理，着力构建“有错、无为皆问责”“不换状态就换人”的常态机制，坚决落实干部责任追究相关办法，严格落实党风廉政建设党委主体责任和纪委监督责任。要着力构建多维度干部考核机制，不但要让“能者上”，更要使“庸者下”，采取服务对象评、基层群众评、主管领导评的方式，对考核不合格的实行待岗学习，坚决不让“老鼠屎进到一锅粥里”。三是打牢基层基础。基层组织是营造良好政治生态的根底，是干部敢于担当的基础。要围绕抓龙头、建体系、强基础，进一步做好“三联”工作机制推广、“双带两服务”“三类村”整改、农村社区管理等工作，不断提升基层组织的凝聚力和战斗力。要超前谋划、提早部署年底即将启动的村“两委”换届工作，全面掌握现任班子情况和干部思想状况，把那些公道正派、公正办事、双带能力强、群众满意的人选拔到村干部岗位上来。

记者：前面我们聊到过创新社会治理网格化工作，我觉得那就是一项典型的“接地气”工程，您觉得呢？

郭毅：是的，创新社会管理，就是探索“网格化管理、信息化支撑、全程化服务”的社会管理模式。虽然网格化管理工作正式施行只有短短的几个月时间，却取得了明显成效，县里对于这项“接地气”的工作给予了很高的期望。

我们以网格化管理为平台，把基层党建、党风廉政建设、社会治理、“连心、强基、模范”三大工程与践行“三严三实”、创建全国县级文明城市等工作有机统一起来、结合起来，全面提升我县各项工作的水平。要进一步加大工作推进的力度，要按照“四边”原则和“四个三”要求，加快转变方式方法，聚焦重点、攻坚难点、找准着力点，提升网格化管理工作的针对性和时效性。要变“文来文往”为“人来人往”，做到好事办好、实事办实，严禁重形式、走过场，坚决杜绝向人民群众“打白条”“打太极”的行为。

在此基础上，我们还进一步加大工作保障的强度，既要各司其职、各负其责，又要协同作战、密切协作，着力形成上下联动、左右互动、齐抓共管的强大合力。要紧紧围绕办结率、解决率、满意率三项指标，针对群众反映的合理诉求及时予以解决和办理。当前的网格化管理工作，群众满怀期盼，社会广泛聚焦，各网格点点长、网格员和干部职工更要以十分的热情、十分的努力、百倍的干劲，创造性地开展工作，全力以赴把网格化管理工作做好做实，做成社会认可、群众满意的亮点工程、品牌工程。

资料链接

“接地气”靠自觉也靠“倒逼”

江西南昌县委书记 郭毅

“接地气”不是一句口号，经常性联系和服务群众要细化、分解到党员干部的日常工作中，并列入目标考核，严格落实奖惩制度，用“倒逼”机制强化下基层的自觉。

就县域基层工作而言，农村群众就是党员干部的主要服务对象。帮助农村群众发展生产，是全县党员干部一项重要的日常工作。如果不自觉或不擅长与农村群众打交道，就了解不到基层的实际情况，更谈不上为群众做实事解难题。群众工作思路不清、方法不当，轻则影响县乡党委政府服务群众的实效，重则激化矛盾影响基层的稳定，危害尤甚。

基层群众最了解实际情况，最善于思考，也最勇于创造。他们的智慧和力量，就是我们要接的“地气”。只有了解他们在生产生活中的物质和心理需求，我们才能明确日常工作的方向，寻找到解决问题的正确方法，用实实在在的工作成绩赢得信任和支持。因此，“接地气”应当成为县乡党员干部的自觉要求和必备能力。尤其是近十几年来，工业化成为县域经济发展的主要选项，在这个过程中出现了一些以前从未有过的新问题、新矛盾。在涉及群众切身利益的项目征地、失地农民养老保险等一系列环节上，我们都要站在群众的立场上来想问题、找办法，要探索建立干部经常性联系和服务群众的工作机制，进一步畅通服务群众的渠道，这是保障我们工作底气十足的有效途径。

“接地气”不是一句口号，经常性联系和服务群众要细化、分解到党员干部的日常工作中，并将其列入季度、年终目标考核的内容，严格落实奖惩制度，用“倒逼”机制强化党员干部的自觉意识与行动能力。同时，要在提拔任用上对那些想干事、肯干事、干成事的党员干部予以倾斜，让更多的党员干部自觉做到“人往基层跑、钱往基层花、物往基层送”。

（人民日报 2013.5.20）

第二节 对话主题：从实际出发，适应新常态

记者：您说的一切工作都要“接地气”不仅要求党员干部在思想上事事以群众利益为先，其实很重要的一层意思是要求大家在工作中要从南昌县的实际出发，从不断发展变化的实际出发。

郭毅：是的。“接地气”，除了要求我们必须时刻谨记、践行群众路线之外，也要求我们在工作中必须一切从实际出发。以现在的南昌县来说，只有从实际出发，认清历史新方位，在科学研判形势中坚定发展信心，才能在取得现有成绩的基础上实现下一个攀升。

2014 年，在省委、省政府和市委、市政府的坚强领导下，全县上下紧紧围绕打造核心增长极“两年有看头、三年有突破”的要求，以实施四大“三年强攻计划”为主线，以全面深化改革为动力，以践行群众路线为保障，经济社会继续保持了良好的发展态势。突出表现为“三个十”：一是主要指标实现“十个全省第一”。地区生产总值、财政总收入、地方公共财政预算收入、固定资产投资、实际利用外资、现汇进资等十项指标总量历史性均位居全省县（市）第一，进一步放大了首府首县的领跑效应。其中，财政总收入和地方公共财政预算收入分别完成 87.3 亿元和 52.4 亿元，增长 20.2% 和 15%，两项指标总量

连续五年稳居全省第一；现汇进资、实际利用外资、外贸出口、固定资产投资分别超过 6 个、4 个、2 个和 1 个地级市规模，县域综合实力逐步向省内设区市规模赶超；工业投资、规上工业企业数等指标占全市比重超过 1/5，规上工业增加值、实际利用外资、实际利用内资、现汇进资等指标占全市比重接近或超过 1/6，战略支点效应日益凸显。二是重点工作实现“十个历史突破”。全国百强县排名跨越 15 位，新建、续建工业项目 127 个，新增工业厂房面积超百万平米，完成房屋征收面积 129 万平米，新增建成商业面积 35 万平米，工业投资占固定资产投资比重达 60%，工业税收占财政总收入比重达 45.3%，电子商务总交易额突破 60 亿元，粮食总产达 20.6 亿斤等十项工作均创历年之最，实现历史新突破，进一步展示了首府首县的担当作为。三是亮点跨越实现“十个走在前列”。设立县域创业投资基金，发起集成电路产业基金，建立“三位一体”农村土地流转服务体系，水稻种植商业性保险政府买单，全面取消农业灌溉水费，开展城乡教师校长交流轮岗等十项工作走在全省前列，进一步彰显了首府首县的示范作用。与此同时，扎实开展党的群众路线教育实践活动，深入推进党风廉政建设和反腐败斗争，全面加强基层组织建设，圆满完成村（社区）“两委”换届工作，进一步营造了干部清正、政府清廉、政治清明的良好氛围。

记者：从 2014 年全县发展成绩来说，可以说令人欣慰，令人振奋，但是和全国其他地方比较，您觉得南昌县还存在怎样的发展差距？

郭毅：过去的成绩是值得肯定的，这是我们一切从实际出发的成果，是全县广大干部群众团结协作、努力拼搏的成果，我心中一直充满深深的感谢。但是，在肯定成绩的同时，我们也要清醒地认识到当前所处的阶段特征、面临的形势挑战和存在的现实差距。这是对我们而言，更为重要的实际，更为重要的现实。

一是跻身全国五十强的提前实现，激励着我们向更高目标迈进。在第十五届全国县域经济基本竞争力百强县排名中，南昌县跃居第41位，提前实现了跻身全国五十强的奋斗目标。站在这样一个新关口、新方位上，我们完全有信心、有实力、有基础，以更大的发展、更快的步伐，在雪线冲刺、中流击水的激烈比拼中向着百强中上游目标加速奋进、跨越赶超。

二是创建全国文明城的启动开展，鼓舞着我们向更高标准看齐。在去年10月召开的全国文明城市创建现场会上，我县直接跨越3个台阶，成为全国县级文明城市创建提名城市。对我们来说，这既是难得的机遇和光荣的使命，更是艰巨的挑战和巨大的压力，特别是对照全国文明城市的测评体系，我们很多工作还存在较大差距。比如在城市建管上，基础设施、公建配套设施还不够完善，环境“脏、乱、差”现象依然突出；在社会管理上，黄、赌、毒等丑恶现象仍未根除；在市民文明素质上，乱闯红灯、乱扔垃圾、随地吐痰等不文明行为仍很常见，等等。这些都是我们的本职工作、份内之事，但由于标准不高、要求不严，导致本不该成为问题的却成了问题。我们要以创建全国文明城为契机，进一步自我加压、拉升标杆，以更高的标准、更严的要求，推动各项工作在全省、全市乃至全国勇争一流、走在前列。

三是四个新常态带来的机遇挑战，鞭策着我们向更高水平努力。党的十八大以来，我国政治、经济、社会逐步进入了与以往不同的新常态，突出表现为经济发展、深化改革、依法治国、从严治党四个新常态。在新常态的背景下，我们既要强化底线思维，把困难估计得更充分一些，又要强化辩证思维，充分看到发展的前景和希望。从挑战来看，经济下行压力加大，GDP、地方公共财政预算收入等主要经济指标增幅回落明显，尤其是受房地产市场低迷的影响，去年商品房销售面积同比下降52%，销售额同比下降40.2%。从机遇来看，经济结构深度调整，第三产业快速发展，新型城镇化步伐加快，全面深化改革纵深推进等等，为我们全面发展提供了有利契机。省、市深入推进打造核心增长极和昌九一体化等等，为我们做大经济总量、融入区域合作带来了历史性机遇。总的来讲，新常态并不意味着可以少作为、不作为，而是强调新作为、多作为、作好为。我们不能局限于已有的发展套路、工作模式、措施办法，要时刻保持改革的思维、市场的思维、创新的思维和法治的思维，让解放思想、改革创新，实在实干、拼争一流，成为广大干部始终如一的习惯和自觉，以更实的举措、更强的力度，谋求新的跨越，展现新的作为。

记者：在认清形势中主动适应新常态。请问您觉得南昌县当前面临哪些新常态？

郭毅：2015年，是“十二五”规划的收官之年，是全面深化改革的推进之年，是全面推进依法治国的开局之年，也是全面从严治党的纵深之年。当前我们主要面临“四个新常态”。

一是经济发展的新常态。从国家层面来看，在经历30多年的高速发展后，中国经济正从高速增长转向中高速增长，总的基调是稳中求进，保持经济运行处于合理区间。从省级层面来看，省委十三届十次全会提出要用5年时间决战同步全面小康，要实现这一目标，首要的是发展，并且要加快发展。从市级层面来看，南昌要打造核心增长极，首要任务依然是加快发展，只有把总量做大到一定份额，才能真正成为带动全省发展的核心增长极。从县级层面来看，尽管我们已经基本提前实现了跻身全国五十强的目标，但与发达地区相比，无论是经济总量，还是发展质量，都还有很大距离。特别是我们是一个百万人口大县，分母较大，人均GDP水平还相对较低。无论是省情、市情还是县情，都要求我们心无旁骛抓发展、保持定力加快发展，以发展之快换取赶超空间，以南昌县之快服务全市、全省之稳。二是全面深化改革的新常态。

改革创新成为当前经济发展的核心驱动力，我们要实现总量与质量同步提升、速度与效益同步提高，就必须通过全面深化改革，去挖掘红利、释放动力、调优结构、推动发展。三是全面推进依法治国的新常态。党的十八届四中全会部署全面推进依法治国，标志着国家治理和社会治理全面迈进了制度化、规范化的“法治新常态”。要求我们必须强化法治意识、树立法治观念，切实提高运用法治思维和法治方式深化改革、推动发展、化解矛盾、维护稳定的能力。四是全面从严治党的新常态。党的十八以来，无论是中央“八项规定”的出台，还是高压推进反腐，还是群众路线教育实践活动的开展，体现的都是党中央坚持党要管党、从严治党的一种政治新常态。我们要始终坚持从严教育、从严管理、从严监督，全面加强党的各项建设。

记者：看来南昌县对“新常态”做了一翻深刻的研究。接下来便是如何从实际出发，去适应这“四个新常态”的问题了，请问南昌县是怎么做的呢?

郭毅：面对新常态带来的新形势、新要求，我们务必保持政治定力、战略定力和实干定力，主动适应新常态，展现新作为，始终突出“四个坚定不移”：

坚定不移地加快发展。发展是第一要务，是解决一切问题的总钥匙。我们不以GDP论英雄，但要以同步进入小康论成败，所以加快发展仍然是我们当前的首要任务。加快发展必须突出发展升级、产业升级，持之以恒抓工业，统筹推动三化同步。一是工业要提质增效。深入推进工业“三年强攻计划”，进一步优化主导产业、培育新兴产业、打造优势产业，不断推动工业经济转型升级，实现提质增效。一方面做好“加法”，推动现有产业补短延长。全力聚焦汽车及零部件、食品和医药医器等支柱产业发展，绘制产业链招商图谱，进一步填补缺失环节、强化薄弱环节，拉长和延伸产业链，提升产业层次和集聚程度。一方面做好“乘法”，牢牢把握国家支持集成电路产业发展的有利机遇，充分依托创东方、集成电路等产业基金，尽快在新兴产业发展上破题建局，推动产业结构优化升级。二是三产要集聚成片。坚持把服务业发展作为应对新常态的新支撑点，深入推进服务业“三年强攻计划”，进一步强化规划引导、优化空间布局、完善基础配套， 大力发展生产要素市场、电商物流、金融、类金融等现代服务业、高端服务业，加大三产项目序时推进力度，加快环澄碧湖、昌南新城等服务业集聚区建设，不断提高服务业在经济发展中的比重和水平。三是农业要接二连三。深入贯彻习近平总书记关于三农工作在提高粮食生产能力上挖掘新潜力、在优化农业结构上开辟新途径、在转变农业发展方式上寻求新突破、在促进农民增收上获得新成效、在建设新农村上迈出新步伐的“五新”要求，积极转变农业发展方式，大力实施现代农业“接二连三”工程，以工业化的理念、服务业的方法经营发展现代农业，进一步加大农业招商引资力度，集中资源扶持一批有示范带动作用的大型龙头企业，不断提升全县农产品的商品率和在全市市场的占有量，确保国家现代农业改革与建设试点顺利通过验收，促进农业增效、农民增收。

坚定不移地深化改革。改革是目前最大的政治担当，是新常态下发展的最大驱动力。我们要全力驱动深化改革这个动力之轮，以激发市场活力为核心，深入推进市场化改革，进而牵引其它领域的改革协同推进。一是让政府更加精简高效。重点推进政府职能机构改革，在管理上突出依法、高效、简政放权，在服务上强调便利、为民、为基层，通过机构调整形式上的变化，触发政务服务实质上的变化，进而推动政府职能转变，打造服务型政府。按照“法无授权不可为、法定职责必须为”的要求，借鉴企业冠标的模式，制定“权力清单”“负面清单”“责任清单”，切实做到事有专管之人、人有明确之责、责有限定之期，着力破解干部“不想为、不敢为、不会为”的问题。同时，要以机构改革为契机，加快探索资金切块、属地管理、权力下放等管理模式，进一步提高行政效能，增强基层活力。二是让市场之手充分施展。重点推进小蓝经开区运行机制改革，按照发展理念、运行模式、管理方式“三转型”，追求速度向注重速度、质量和效益并重转变，追求政府主导向市场主导逐步转变，追求同质化竞争向差异化发展转变“三转变”的要求，着力搭建“企业化管理、市场化运作、专业化服务、多元化融资”四大平台，全力做好“招、推、养、清”四篇文章，进一步提升园区管理效能和服务水平，进一步推动县区融合，努力把小蓝经开区建设成为区域性产业集聚、转型升级、对外开放、制度创新的排头兵。三是让社会力量有秩参与。重点推进投融资体制改革，大力推行政府与社会资本合作模式，逐步将基础设施建设项目的BT模式转化为以特许经营、利益共享、风险共担为主要特征的PPP模式，进一步提升政府公共产品或服务的质量和效益。与此同时，要按照“巩固深入、重点推进、探索研究”的要求，统筹推进城市管理体制机制、城乡一体化、现代农业等各项改革，进一步激发发展的动力和活力。

坚定不移地锐意创新。创新是最核心的竞争力。面对新常态，我们唯有锐意创新，才能找到适应新形势、新要求的新办法、新路径。明年重点是把握好三个方面：一是创新招商引资方式。随着国务院出台《关于清理规范税收等优惠政策的通知》，过去那种拼资源、拼土地、拼优惠政策的传统招商方式已经难以为继。我们必须要加快转变招商理念，创新招商方式，在综合运用产业链招商、组团招商、以商招商、委托招商、小分队招商等手段的基础上，更加关注科技创新、产学研结合、产业转移等动态信息，充分发挥行业协会、中介组织、“园中园”模式的桥梁作用，创投基金、产业基金等现代金融的杠杆效应，进一步提升招商引资的质量和效益。要做好读你、懂你、爱你“三部曲”，熟悉企业、了解行业，清楚企业需要什么，真心实意地帮扶企业，不断提升招商引资水平。要继续坚守招商引资专家评审机制，坚决拒绝高污染、低效益项目，以项目结构的优化来带动产业层次的提升。二是创新服务企业方式。突出为大企业办“小事”，为小企业办“大事”，千方百计帮助企业解决发展中的市场导向、产业政策、治安环境、融资、用工等问题，进一步促进现有企业做大做强。要牢固树立分类服务、分级管理的理念，在深入了解企业生产经营状况的基础上，精养成长型、优势企业，清理闲置、低效企业。对效益好、前景广阔的企业，扶持其做强做优；对没有实质性生产或产出效益不高，采取嵌入式招商或进行重组；对已经停产或长期没有开工建设的，依法依规及时处置到位，以此来提高园区土地利用效率，为更多大项目、好项目落户提供宝贵的发展空间。三是要创新项目推进方式。本着“打破常规不违规、想方设法不违法”的思路，着力解决项目前期工作互为前置和相互制约、项目推进速度还不够快的现状，探索实行项目前期“1+X”并联工作机制，建立健全项目推进联络员和专人包扶制度，力促项目早开工、早建设、早竣工，为经济社会发展提供强有力的支撑。

坚定不移地优化环境。环境也是生产力，特别是在新常态下，区域之间的竞争越来越突出地表现为发展环境的竞争。我们要始终把环境建设摆在更加突出的位置，围绕“创建全国县级文明城市、打造美丽和谐昌南”的目标，进一步推进法治环境、政务环境、人文环境、生态环境建设，着力提升发展软实力，全力构筑竞争新优势。一是打造良好的法治环境。市场经济是法治经济，良好的法治环境就是我们发展的最好环境。等下我们将表决通过《关于全面推进依法治县的意见》，下一步，就是要以贯彻《意见》为抓手，坚持依法治县、依法执政、依法行政共同推进，法治昌南、法治政府、法治社会一体建设，深入开展法制宣传教育活动，着力在全社会形成遵纪守法、崇尚法律、依法办事的良好风尚。各级党员干部要带头学习法律、带头遵守法律，自觉做到办事依法、遇事找法、解决问题用法、化解矛盾靠法，不断强化法治思维，提升法治能力。二是打造高效的政务环境。按照“以放为原则、不放为特例”的要求，深入推进行政审批制度改革，大力实施政务流程再造，切实把该放的放下去、放到位，把该管的管住、管好，坚决杜绝搞“前店后厂”、谋一己私利的现象，着力为企业、为群众提供更加优质高效的政务服务。三是打造和谐的人文环境。明年是我们创建全国县级文明城市的起步之年，也是打基础之年。我们要以文明创建为抓手，大力弘扬社会主义核心价值观，汲取中华民族传统文化精髓，着力在全社会营造讲文明、重礼仪、守秩序的良好风尚。要深入挖掘南昌县悠久的历史文化底蕴，逐步培育和形成具有南昌县特色的人文精神。同时，要突出创建为民、创建惠民，按照“百姓点菜、政府买单”的原则，积极回应群众的个性化诉求，突出解决好群众反映强烈的教育、医疗、卫生、交通、治安等问题，进一步提升群众的安全感、幸福感和满意度。四是打造优美的生态环境。要紧紧抓住江西省生态文明先行示范区上升为国家战略这一重大机遇，统筹推进城乡基础设施和生态环境建设，全力建设美丽昌南、美丽乡镇、美丽乡村，努力构建优美宜居的生态环境。要加快推进城市扩容升级，深入推进新城建设“三年强攻计划”，积极承接地铁 3 号线、南外环、昌东大道南延等路网建设，抓紧推进昌南体育中心等公建配套设施建设以及雄溪河整治、主要节点景观改造等环境提升工程，切实提升城市品位，增强承载力。要突出镇村联动，进一步加大特色小镇、中心村和农村新社区建设力度，深入推进农村清洁工程全覆盖和造林绿化工程，不断改善城乡环境面貌。

记者：据说县里不仅在群众工作、经济工作中强调“接地气”，党建工作也特别强调从实际出发？

郭毅：是的，党建不是空喊口号，必须与实际工作相结合，我们要在全面加强党建中夯实发展保障。

第一，要打造实干队伍，提升战斗力。做好新常态下的各项工作，关键在干部队伍，关键在干部队伍的精神面貌。对此，全县各级党组织要切实把抓班子带队伍放在重中之重的位置，作为领导干部必须履行的职责加以推进。近年来，县委始终坚持“实在实干实绩”的用人导向，打破论资排辈的陈旧观念，把一批优秀的干部推上了干事创业的前沿阵地。下一步，县委还将重点从五个方面加大干部队伍建设力度。一是加大培训力度，扎实推进严肃政治纪律、组织纪律和践行“三严三实”主题实践活动，继续深化开展干部上挂、下派、平移实践锻炼活动；大规模实施干部轮训，探索干部自学倒逼机制，引导广大干部在学习、实践中长知识、增才干。二是加大交流力度，对同一岗位任职十年以上的科级干部和任职五年以上的非科级干部，实行交流轮岗；对县直机关科级干部没有基层工作经历的，原则上必须下基层补经历，不补经历的转任非领导岗位；对符合职级晋升条件的，根据上级文件精神，采取个人自愿申请、组织审核把关的方式，转任非领导职务；加大年轻干部使用力度，为明年换届奠定基础。三是加大关爱力度，对在偏远乡镇任职达到一定时限的，实行推磨交流。四是加大考核力度，实行“五评二查”考核机制，“群众评党员”活动，让能者上、庸者下。五是加大问责力度，让突破底线的干部受到警诫，让失职渎职、贪污腐化的干部得到惩处，绝不姑息迁就。通过这样一系列的举措，着力打造一支讲政治、懂经济、有激情、会干事的干部队伍。

第二，夯实基层基础，提升凝聚力。根固而枝荣，本强则业兴。我们始终坚持把抓好基层党建作为“一号工程”和“书记工程”，投入足够的时间和精力，像重视经济工作那样重视基层党建工作，像抓项目落实那样抓基层党建工作落实。一是抓好党员管理。牢固树立“严是爱、宽是害”的管理理念，切实加强党员干部日常管理，不断完善党内监督机制，严守党内政治生活准则，建立“一级管好一级、一级对一级负责”的层级管理机制，着力解决干部管理失之于宽、失之于软的问题。二是创新载体平台。继续深入推进“连心、强基、模范”三大工程，大力开展“党员亮身份”“群众评党员”“先锋示范岗”等活动，不断创新党建工作载体，进一步引导广大党员干部在爱岗敬业、服务群众中建功立业、创先争优。三是强化投入保障。坚持资源向基层转移、资金向基层投入，探索建立基层党建工作保障经费投入正常增长机制，加快完善村干部待遇稳定增长和激励保障机制，今年县里将新增投入1500余万元用于提高村干部报酬待遇，党建工作经费每村增加1.5万元/年，努力实现全部基层党组织“有人理事、有钱办事、有阵地议事”。

第三，改进工作作风提升执行力。执行力，对个人而言，是政治品格和工作水平；对班子来说，是驾驭本领和战斗能力。为什么有的人再大的困难都能迎刃而解？有的人再容易的事情都束手无策？差距就是执行力上。当前我们一些干部执行力弱的原因主要有三个方面：一是政治品格差，不愿落实。缺乏大局意识和服从意识，对上级要求熟视无睹，对工作部署置若罔闻；二是能力水平低，不会落实。不爱学习，不善钻研，不懂业务，不总结经验教训，不提升工作方法，抓发展无策无方，保稳定力不从心；三是办事魄力小，不敢落实。习惯于当好人，和稀泥；畏难怕事，遇到矛盾就躲，碰到难题就推。这点必须得改。一定要牢固树立职务就是担子、权力就是责任、岗位就是使命的观念，坚决摒弃“不干不错、少干少错”“做了代表做好”的消极心态，切实转变工作作风，提升抓落实的本领和水平，做到在其位谋其政、履其职尽其责。一是要勇于担当。要紧紧围绕全年目标任务，立说立行、善始善终，一件一件实施，一项一项落实。敢于直面问题，善于破解难题，抓落实、促发展，把既定目标变为现实。二是要真抓实干。保持奋发有为、干事创业的精神状态，爱岗敬业，真抓实干。要结合实际不盲目，坚持一切从实际出发，真做、真抓、真干。要点滴做起不浮躁，从小事做起，从身边的事做起，从急迫的事做起，做到干一件、成一件。要坚持原则不退让，敢于碰硬、勇于负责，在是非面前原则至上，在矛盾面前动真碰硬。三是要合力共为。县区上下要牢固树立“一盘棋”思想，心往一处想，劲往一处使，加强沟通、紧密配合、形成合力，构建县区同心、工作同向、分工合作、共同担当的工作新格局。

第四，严守纪律规矩提升免疫力。守纪律、讲规矩既是党员干部应该遵守的基本规则，也是我们做事用权的根本底线。我们要牢固树立“规矩面前没有特权、纪律约束没有例外”的意识，在守纪律、讲规矩上做表率，自觉做政治上的明白人，以优良的党风带政风促民风。

一是严守纪律。要始终对党的规矩保持敬畏之心，严守党的政治纪律、组织纪律、财经纪律、工作纪律和生活纪律，不越政治底线，不踩政策边线，不碰口袋红线，自觉做到在党规法纪的范围内履行职责、行使权力。二是严明责任。从严治党，首在落实责任。各级党组织要切实把党风廉政建设当作分内之事、应尽之责，认真履行好党风廉政建设主体责任。各级纪检监察机关要突出主业主责，切实加大事前、事中监督力度，真正从源头上预防和治理腐败。同时，要进一步完善述职述廉、约谈、责任追究等制度，以问责倒逼“两个责任”落实。三是严厉查处。反思我们去年党风廉政建设社会评价群众满意度不高的原因，我想主要在基层，“老虎”离群众太远，“苍蝇”却天天在群众身边转悠。对此，今年我们要加大执法执纪的力度，始终保持惩治腐败的高压态势，重点查处发生在群众身边的“小官大贪、小官巨贪”“微腐败”“暗腐败”等问题，严厉惩处为官不为等软腐败，不定指标，没有例外，切实以风清气正的良好政治生态，来换取、争取群众对党风廉政社会评价的关注度、认可度和信心度。

第三节 对话主题：统筹全局与科学决策

记者：南昌县经济社会发展演绎的“加速度”，不仅为江西县域经济发展做出表率，在全国范围看也是成绩显著的。除了县委县政府一直以来坚持一切从实际出发，一切工作都要“接地气”外，一定离不开县委县政府统筹全局与科学决策的超常能力。请您详细介绍一些这方面的经验，以使全国其他县域经济的发展有所借鉴。

郭毅：县域经济发展的重点就是聚焦产业。简单说就是抓好一产、二产、三产的统筹布局，科学发展。经验谈不上，我简单介绍一下我们的做法。

工业方面，我们主要深入贯彻实施以新型工业化为核心的发展战略，按照打造千亿产业集群、百亿企业方阵、千亿园区板块的目标，支持小蓝经济开发区拓区至40平方公里，再造一个新小蓝。加快小蓝汽车城建设，加强与福特、五十铃的合作，完善汽车产业配套，形成从整车、到零部件再到汽车贸易的完备产业链。同时，以与国投物流、江投集团三方战略合作为契机，启动向塘物流园建设，完成向塘物流基地生命线工程——铁路货场建设。

农业方面，相关数据显示，我国现在农业劳动生产率只有二、三产业劳动生产力的28%，农民的人均收入只有城镇居民人均收入的31%，差距为什么这么大呢？原因就是农民的收入过低。所以，未来十年，能不能使县域经济获得较大的发展，关键就看我们能不能解决好“三农”问题。拿我们县来说，我们已经制定了一系列的规划，我们将严格按照“一带两园三区”的布局，大力推进国家现代农业示范区建设，巧做“加减法”，强农增值富民，提高现代农业的规模和效益。

第三产业方面，按照城内大卖场、城郊大市场、城外大物流的布局，规划、引进一批农机、汽车销售、商贸物流、文化产业等要素市场，重点打造商务、休闲、服务三大商圈，补齐短板，完善功能，不断提高服务业在经济发展中的比重和水平。

记者：关于促进县域经济的发展，有没有什么具体的意见和建议？

郭毅：虽然我们在县域经济的发展方面取得了一些成绩，但同样面临的一个全国县域经济都需要面对的问题，一个我们在城市化过程中遇到的很难解的矛盾：大城市就业机会多，但生活成本高，而且城市交通拥堵，各种城市病显现；而中小城市虽然生活成本很低，房价也很低，但是就业机会少，在县城里买一套房子，一平方米四五千块钱，北京两三万都买不到，但是县城就业机会也少。所以，关键是怎么能够提高县域的城镇对产业的承载能力，提高就业的承载能力，使县域人口大多数能够就地在本县实现城市化。解决这个问题，有四点值得我们思考：

第一，建立城乡一体化发展的新制度。党的十七届三中全会提出了要建立城乡一体化新制度，要达到“六个一体化”，就能加快农村的发展。所以，在县域范围内要加快，按照“六个一体化”的要求建立新的制度，打通城乡之间的各种障碍，生产要素流通，经济发展的各种体制、机制的障碍。促进生产要素在城乡之间双向自由流动，发展县域经济，这一条是最最重要的，特别是在县域范围内，如果县城能够发展成为一个十万到二十万人的城市，就可以大大增强县城对全县经济发展的辐射能力和带动能力。

第二，把城市化同农业现代化同步推进。城市化和农业现代化是一个问题的两个方面。没有农业现代化，就没有城市化，因为农业现代化可以释放大量的劳动力，加快农业劳动力向二、三产业转移，而二、三产业的集聚就形成了城市。所以，农业现代化、城市化是紧密联系的两个命题，要同步推进，改变目前农业现代化严重滞后于城市化的局面。

第三，围绕县域的主导产业，形成块状经济。一个县的地域有限、人口有限，资源也有限，不要面面俱到什么都搞，搞一个主导产业，两个主导产业，围绕主导产业形成专业化分工，要提高产品、产业在国内市场和国际市场的占有率，做精、做专，形成专业化分工。有了竞争力，才能立于不败之地。所以，一个县围绕当地的资源优势，农产品加工业好，矿产品加工也好，或者吸引沿海产业转移也好，不要搞得太多了，搞一个、两个主导产业，把一锅水烧开，围绕主导产业形成专业化分工，一、二、三产业协调发展，就能把这个县带动起来，这是我们的经验之谈，虽然说有点王婆卖瓜的嫌疑，但是确实值得肯定。

第四，在县域范围内要形成半小时生活圈，从县城到各个镇，到各个村，把交通要搞好，形成半小时生活圈，在县域范围内上班、下班，开着车半个小时就到了，非常方便，这样就不会把人口集中到大城市里去，而是集中到县城来，就地城市化。为此，我们要不断改善交通、通讯、供水、污水处理、垃圾处理设施现状，大力推进城乡一体化，使农村也变得更适宜人居住，形成半小时生活圈。

记者：*在统筹全局发展县域经济的过程当中，南昌县如何把握城乡之间、产业之间、上下游之间的各种复杂关系，在解决矛盾的同时，实现齐头并进的发展态势？*

郭毅：城乡之间：以城带乡，着力推进中心城镇发展，形成布局合理、规模适度、功能齐全的小城镇建设体系。编制完成全县小城镇“十二五”近期规划和乡镇控制性详规。重点推进蒋巷、塘南、三江等中心城镇建设，促进周边农村人口和产业向中心城镇集聚，增强中心城镇对周边乡镇的辐射带动能力；立足资源条件和发展基础，集中力量培育一批特色突出、环境优美、产业繁荣的现代宜居宜业小城镇，重点打造黄马、幽兰、冈上、广福、三江等乡镇的休闲农业、乡村旅游业，使之成为城郊型特色乡镇。坚持新区开发与老城改造并重，基础建设与公建配套并举，功能提升与管理优化并进，现代化综合新城加快推进。修编了县城旧城区和昌南新城控制性详规，编制了县城控规区公建配套、教育网点和安居工程布点规划，启动了银三角控制性详规对接修编。

产业之间：南昌县紧紧围绕加快转变经济发展方式、促进县域经济发展的主线，积极调整产业结构，着重打好汽车及零部件和食品饮料这两张牌，通过完善产业链，不断壮大优势产业，实现单个项目向集群化、链式化发展，从而激发出了聚变效应。随着福建达利集团落户投产，至此，百事可乐、可口可乐、南昌亚洲啤酒、江西煌大食品有限公司等纷纷实现了从田间到餐桌的一体化食品饮料供应链。

上下游之间：放眼南昌县的产业集群，不仅是同类企业的简单叠加，更是产业上下游的协同共进。南昌县打造的建筑科技产业园，将涵盖建筑业的施工、创意、研发、设计、咨询、培训、中介服务及建材、工程机械生产的各个环节，使资源充分共享，加速促进建筑产业的集聚和延伸，带动南昌县由“建筑大县”向“建筑强县”转变，其远景目标是打造一个综合性的千亿建筑科技产业园，贯穿整个建筑产业链条。依托江铃股份小蓝基地，小蓝推出了“南昌小蓝汽车工业城”概念。

在整体规划的汽车城中，以江铃股份小蓝基地为主体的整车生产区与零部件生产区、生活配套区、售后服务区、研究开发区等功能区融合互通。纵向上，做好主导产业的上下游配套工作，即在上游，支持企业设立研发中心，在技术上引导产业提升；在下游，支持企业在开发区设立销售中心、采购中心等。横向上，在加工制造环节，把车用各类原材料、零部件的生产配套引进来，并向汽车装备、设备制造业方向发展，使开发区汽车产业结构不断优化。

记者： 南昌县在统筹全局与科学决策的成功经验当中，有一条是坚持和完善重大工作、重点项目、重要事项的决策、调度和推进机制。请您谈谈这方面的做法与感想。

郭毅： 重大重点项目具有投资额大、带动力强，产业先进、结构优化，注重民生、百姓受惠三大特点，是我们县域经济的脊梁，是充分就业和建设资金充足的重要保障，在县域经济发展中起着举足轻重的作用，关系到百姓的幸福安康，关系到地方的对外形象。2015年我县大力推进的49项重大重点项目，总投资达350.9亿元。其中，县主导推进重大重点项目42项，协助省市推进重大重点项目7项。

细看南昌县重大重点项目推进表，我们可以很清楚的看到，两三百个重大项目没有一个不关系着经济社会的发展、没有一个不情系着全县人民的民生福祉的：小农水重点县建设、农村饮水安全建设、华电能源分布站、江铃股份30万辆整车、直方数控动力、武阳中小企业创业园、盛汇城市广场、一代佳人娱乐影视城、茵梦湖国际旅游度假区、220伏蒋巷输变电站、城市园区主干道提升改造、安居工程、1500套保障性住房、鄱阳湖南岸片血防综合示范区……

这些项目的有效推进，与我县实行的"六大指挥部、五位一体"的项目大推进制度不无关系。我们坚持每周一调度、每旬一交账、每月一小结的工作制度；严把项目推进的时间关、质量关的资金关；项目建设重点在"谋"、关键在"跑"；要给企业提供"保姆式"的服务。

为了加大项目推进力度，我们一般在前一年的9月份就开始成立重大重点项目推进总指挥部，下设一产项目、二产项目、三产项目、基础设施项目等6个分指挥部，并且将项目推进过程中的决策权充分下放给各分指挥部。同时，我们还创新项目推进机制，精心储备项目，建立全县重大重点项目库，坚持项目首接负责制和统分结合的大推进机制，以确保重大重点项目快速推进、投产达标。

此外，为确保项目早见成效，南昌县要求，新开工项目到年底要完成总投资的50%左右，续建项目到年底要完成总投资的80%左右。同时，该县还将“成片征地、成片开发、成片配套、成片建设”作为一种常态，狠抓项目落实。对签约项目，要紧盯不放、积极协调，推动尽快落地、尽早开工；对在建项目，要加强调度、加强服务，促使早日投产、产生效益；对投产项目，要跟踪服务、一帮到底，鼓励做大做强、延伸链条，切实以一个个项目的开工建设、投产达标来增添发展的动力和后劲。

记者：南昌县的这一系列宝贵经验，为各地县域经济发展提供了有益参考。真正做到统筹全局、科学决策，南昌县还有哪些其他“秘诀”？

郭毅：其实不是什么“秘诀”，大家都明白的一个道理而已：突出问题导向，不断激发改革发展的活力。改革发展的过程实际上就是一个不断遭遇问题、发现问题、正视问题和解决问题的过程。面对千头万绪的工作，我们抓什么？怎么抓？发现问题、找准问题就是树立靶子，分析问题、解决问题就是有的放矢。要始终坚持问题导向，善于抓住发展的主要矛盾和矛盾的主要方面，从而牵住牛鼻子，找准着力点，不断激发改革发展的活力。

第一，要坚持问题倒逼促改革。党的十八届三中全会以来，我们按照中央及省、市统一部署安排，稳步推进了小蓝经开区运行机制、城乡一体化、城市管理体制等一系列改革举措，取得了初步成效。但对照“先行先试、领先领跑”的要求，还有很大差距，改革的氛围还不够浓、步伐还不够快、成效还不明显。在全面深化改革的浪潮中，我们唯有顺应潮流，抢得改革的先机，才能在新一轮区域竞争中占得发展的良机，否则我们就会“被改革”“被淘汰”。全县上下要按照“大胆设想、小心求证、谋定后动”的原则，不等不靠、先行先试，全力推进改革各项工作。一方面胆子要大，做改革的先行者。坚持全面锐意改革，对中央及省、市已经部署出台的改革任务，要积极做好承接落地工作；对上级已经赋予我们改革权和试验权的，要抢抓机遇、大胆探索、先行先试，敢于吃螃蟹、涉险滩、破藩篱。一方面步子要稳，做改革的实践者。改革是一项复杂的系统工程，不可能一蹴而就，必须坚持蹄疾步稳、谋定后动、循序渐进，把握好节奏和策略，有计划有步骤地积极稳妥推进。在先行先试的改革进程和干事热潮中，我们允许失败、宽容失败，只要符合有利于经济社会发展、有利于工作效率提升；个人绝对不能搞名堂、绝对不能有利益输送的“两个有利于、两个绝对”原则，县委就坚决支持，坚决保护，让大家放胆、放心、放手去干事创业。

第二，要坚持问题销号抓整改。当前，教育实践活动即将转入“整改落实、建章立制”环节，现在关键是要坚持问题导向的原则，把查找出来的问题整改好、落实好，确保教育实践活动善始善终、善作善成，取得群众满意的成效。一是“清单式”整改。针对查摆出来的问题，要列出问题清单，采取销号管理模式，逐一提出整改措施、明确整改时限、落实责任人员，切实做到有一件改一件、改一件销一件。二是“开门式”整改。开门搞活动是开展教育实践活动的一个重要原则。要把梳理的意见和整改的内容、目标、时限、责任和进展情况，及时公之于众，让群众监督整改的过程，评价整改的实效，决不能用自我感觉代替群众评价，确保活动取得看得见、摸得着的成效。三是“制度式”整改。解决“四风”问题，既要靠广大党员、各级干部自觉行动，也要靠纪律、制度的刚性约束和强制推动。在抓好整改落实的同时，要按照便于长期坚持、便于群众监督的要求，以改革思维和法治思维全力抓好建章立制工作，将一些好的、管用的整改措施制度化、常态化，扎紧制度的“笼子”。同时，要抓好制度的执行和落实，强化制度的刚性约束力，防止“破窗”效应。

第三，要坚持问题牵引惠民生。以解决群众最关心的利益问题和企业反映最强烈的突出问题为重点，深入推进幸福昌南、平安昌南建设。一方面，改进民生福祉。始终坚持“尽力而为、量力而行”和“百姓点菜，政府买单”的原则，积极回应群众个性化、碎片化诉求，加快推进民生实事，致力城乡教育软、硬件均衡发展，扩大教师学区轮校执教范围，深化公立医院改革试点，切实保障群众教育、就业、社保、医疗、住房等方面的切身利益。另一方面，改善发展环境。始终把环境提升作为一项基础工程来抓，努力打造一流的政务环境、法治环境和生态环境。要打造优质高效的政务环境，扎实推进政府机构改革，积极转变政府职能，推动由管理向服务转变，切实简化办事程序，提高行政效能，实实在在为群众服务、为企业服务。要打造公正有序的法治环境，加强和创新社会管理，进一步完善网格化服务管理体系、立体化治安防控体系、常态化严打整治体系，不断提升人民群众的安全感；坚持依法执政、依法行政、公正司法，真正形成人人学法用法守法护法的良好局面。要打造宜居宜业的生态环境，牢固树立绿色发展、低碳发展的理念，深入推进造林绿化、农村清洁等工程，不断提高环境效益。要强化要素集约，着力提高土地、能源的利用率，制订完善项目落户标准化体系，强力推进低效、闲置用地清理工作，不断提高土地投入产出效益。

第四章　让每一个百姓都能安居乐业

第一节　对话主题：以民为本，创建服务型政府

记者：郭书记，通过和您的交谈，我发现您对县里的工作总是充满了激情和动力，您对事业的这份激情来自哪里？

郭毅：谢谢你的夸奖。说到对南昌县这份事业的激情，我是很有感悟的。我们生活在这样一个伟大的时代，处在中华民族几千年来重要的复兴时期，变革和发展是时代的主旋律，为我们实现自我价值提供了无限的舞台，这是我们的幸运。我常和同志们讲，一定要懂得珍惜，一定要用满腔的豪情去创造事业，用满腔的激情为百姓做事，用满腔的热情干好我们的工作。谁不努力工作，就是对自己的不负责任，对南昌县人民的不负责任，是要挨骂的。

没有激情，就没有一个奋发向上的精神状态。你看为什么在体育赛事中经常会讲到运动员的状态问题，其实是一个道理。运动员们只有在充满激情的时候，才能创造世界纪录，打破世界纪录。我们的工作也一样，也要有这种精神状态。近年来，县委始终坚持“实在实干实绩”的用人导向，打破论资排辈的陈旧观念，把一批优秀的干部推上了干事创业的前沿阵地。从我们的用人制度上也可以清楚地看到，一些挨过批

评的干部提拔了，一些弱势部门的干部提拔了，一些资历较浅的干部提拔了，但他们都有一些共同的特点，那就是工作激情高，工作标准高，打得开局面，耐得住寂寞，稳得住阵脚。当他们充满激情干工作的时候，就一定会想方设法把事情干好，就能干出最佳状态。有激情，干事才不会喊苦喊累，有激情，才能全心全意为人民群众提供更优质的服务。提拔这样的干部，县委没有顾虑，干部心服口服，群众普遍认同。

记者：为什么您会再三强调“服务”二字？

郭毅：改革开放之前，我国社会经济制度最重要的特点是“计划”。从经济方面来说，国有经济一统天下，垄断了所有类别的经济资源和信息，企业只是政府手里“拨一下，动一下”的算盘珠子。经过改革开放三十多年的不懈努力，我国的经济体制有了根本性的变化。政府不再统包统揽，而是把经济决策权归还给经济活动的当事人，由他们根据自己掌握的信息和各自的利益进行判断和决策。因此，市场经济下的经济主体拥有了很大的话语权。在新形势下，建设一个服务型政府，建设一个公正、透明、高效的为公众和社会提供公共产品和服务的政府，既是参与全球竞争的客观需要，也是市场经济发展的需要，更是人民群众的迫切需要。以民为本，“服务”很重要，一定不能忽视！

记者：之前在谈到小蓝经济开发区成功经验的时候，您就特别强调了服务型政府在其中的重要性，给我留下很深的印象。您觉得服务型政府的基本特征是什么？南昌县又有哪些根本性的变化？

郭毅：是的，服务型政府在小蓝经开区的建设中发挥了很重要的作用，为园区的更一步发展壮大提供了很多便利。至于什么是服务型政府，简单地说，就是在民主责任、法制信用、有限开放、协调精干、公正透明、高效廉洁的框架下，转变政府职能，进行行政审批制度改革。

近年来，我县在实践中确实发生了根本性的转变。一是由直接干预微观经济活动和直接从事经济建设活动向创造公平竞争的市场环境发生转变。二是由对公民和法人的过多管制向服务转变。三是把不该管、管不了、管不好的事情逐渐让渡给市场、企业、中介组织等社会力量。四是把应该管而没有管好的事情彻底管好，为社会提供充足优质的公共产品和公共服务。

记者：近几年，南昌县在经济发展发面成绩显著，经济快速增长的同时有没有带来与其相配套的公共服务的不断提升?

郭毅：公共服务是21世纪公共行政和政府改革的核心理念，包括加强城乡公共设施建设，发展教育、科技、文化、卫生、体育等公共事业。我们以“构建社会主义和谐社会”的战略思想为指导，以“跻身全国五十强县市，建设现代化综合新城”为战略目标，充分发挥公共服务在社会发展和服务业中的基础保障作用，建立公共财政投入社会公共服务的稳定增长机制，完善了公共服务体系，创新了公共服务模式，提高了公共服务效率，并且着力推进基本社会公共服务均等化。目前已经逐步形成了覆盖城乡、布局合理的社会公共服务体系。

记者：一个地方发展好坏，不能只看GDP，还要看老百姓是不是过上了安居乐业的生活。您觉得南昌县的百姓过得幸福吗?

郭毅：群众的眼睛是雪亮的，只要我们是在做实事，做有利于民的好事，他们都能很实在的感受到，老百姓的放心和满意是我们工作的目标和动力。

习近平总书记在参观《复兴之路》展览时发表的重要讲话中指出，“空谈误国，实干兴邦”，这是对我们各级领导干部提出的最直接的要求。总书记的重要讲话，充分体现了新一届中央领导集体承前启后、实干兴邦，带领中国人民走“中国路”、实现中华民族伟大复兴“中国梦”的宏伟抱负和担当精神。具体到实际工作中，关键是要将“狠抓落实”四个字贯穿于工作的各个环节，自觉地按照“实干实在”和真抓实干、深入一线、锐意创新、负责担当、艰苦奋斗、淡泊名利“六种作风”的要求，在工作中更加注重打基础、谋长远，咬住发展不放松，以敢于担当的精神，不断强化改革开放创新意识，攻坚克难，为南昌打造核心增长极作出首府首县、全国百强县应有的贡献，为南昌县人民的福祉尽最大的努力。

记者：南昌县在增强民生福祉、改善民生工作方面具体是怎么做的，取得了哪些成绩？

郭毅：只有切实办好顺民意、解民忧、惠民生的实事，才能得到老百姓的拥护，才能大家一条心的发展好经济。为此，我们南昌县这么多年来一直都很重视增加财政收入投向民生、社会保障方面的比例。

在财政支出上，县里坚持民生优先的原则，把新增财力向困难群众、向农村、向基层、向社会事业薄弱环节倾斜，全力保障民生工程和公共财政政策的资金需求，切实解决关乎人民群众切身利益的问题。加大教育投入，提高城乡义务教育公用经费保障标准，完善城乡教育基础设施建设；扩大城镇低保、农村低保、城镇医保、社会救助、社会福利的覆盖范围，认真抓好城乡居民养老保险工作；继续加大基层医疗卫生服务体系设施建设，提升医疗机构的技术装备水平，增强服务能力；加大保障性住房支出，支持农村危房改造；保障农田水利投入，加强农田水利基础设施建设；支持公共文化服务建设，推进文化科技创新和文化传播体系。

在改善民生的道路上，我们也切切实实做了不少实事。比如，第一点就是，我们县启动了城镇居民社会养老保险试点县工作，使得新型农村社会养老保险参保率达 92%，参保人数、征缴金额、参保率均列全省第一；而且这么多年，我们县里养老、失业、工伤、生育和医疗等社会保险覆盖面都在不断扩大。第二，近两年，我们县里新增城镇就业人员和转移农村劳动力接近 2 万人，“零就业家庭”的安置率达到 100%。为了调动大家创业、办实业的积极性，我们陆续发放小额贷款 1.2 亿元，发放总量全市第一、回收率全省第一。第三，随着我们县人均收入的不断提高、人民生活水平的不断提高，我们也很适时的提高了城镇和农村居民最低保障标准，更大范围的保障了全县人民的生活福利。除此以外，县社会福利院的顺利竣工，乡镇勘界的基本完成，都是我们县为改善民生所做出的努力。

记者： 据我了解，南昌县 2014 年被中央文明办确定为全国县级文明城市提名城市，2015 年 2 月正式启动创建全国县级文明城市工作。创建推动发展，创建改善民生，南昌县将如何抓创建惠民生？

郭毅： 2015 年 2 月 27 日上午，南昌县全国县级文明城市动员大会隆重召开，这标志着南昌县创建全国县级文明城市全面启幕。

作为江西省首府首县，近年来，南昌县始终坚持经济发展与改善民生相结合，始终坚持城市建设与城市管理并重，先后实施了“三城同创”、四大“三年强攻计划”等重大战略，取得了经济的快速发展，为创建工作打下了坚实的物质基础和投入保障。在近两年的时间来，南昌县不仅通过了省级卫生县城的复审，还摘得了省级园林县城的殊荣，更是锻造了一支素质过硬、作风优良、敢于攻坚、善打硬仗的干部队伍，这些为创建工作打下了良好的工作基础、积累了宝贵的工作经验。

我县牢固树立“全县一盘棋”的思想，确立了“以创建推动发展、以创建提升实力、以创建改善民生、以创建促进和谐”的工作思路，致力通过创建文明县城进一步完善城市功能、提升形象和品位、提高市民素质、改善人居环境，建设设施齐全、环境优美、秩序优良的现代化城市，使广大市民有一个现代化气息浓郁的生活和工作环境。

为确保创建工作的有效推进，县里成立了由县委、县政府主要领导亲自挂帅的创建指挥部，下设创建办和12个创建对标部，由县级四套班子领导成员担任分管领导，牵头责任单位主要领导担任对标部执行部长。不定期召开专项调度会，调度解决文化教育、医疗卫生、环境提升等既关乎创建又关乎民生的问题，形成了县委、政府主要领导亲自研究部署创建工作，定期听取汇报，创建办协调督促、各职能部门相互配合的层层抓落实的工作格局。

此外，结合省会南昌“创文保卫”、迎“国检”和全县“三城同创”的任务要求，制定下发南昌县创建文明县城的工作方案，将创建任务细化到具体的部门、单位，落实到责任科室和责任人，较好地发挥了创建工作的主体责任。县委、县政府还把创建任务纳入全县科学发展综合考评的量化管理体系，考核结果作为综合评价单位、提拔使用干部的重要依据，进一步落实了创建责任，确保创建工作“事事有人抓、处处有人管”。

记者：据说南昌县在不断改善民生的进程中总结了一套以活动为依托的创新型引导模式，能为我们详细介绍一下吗？

郭毅：这个创新型引导模式，其实就是以人为本，不断深化、发展群众性创建活动。县里以喜闻乐见的群众性创建活动为依托，抓阵地、办实事，求实效，使广大干部群众在参与中得到教育和接受文明引领，形成了全社会追求文明风尚的良好氛围。

优化环境抓好未成人思想道德建设。一是净化未成年人健康成长环境。组织工商、公安、文化等部门联合开展整治校园周边环境等专项行动，加大“黑网吧”整治力度，坚决查处网吧、电子游艺室等违规经营。

开展“送法进校园”活动，开展安全教育、安全预案演练等开展各类安全教育活动，提高学生安全防范能力。二是深化学校德育工作。县教体局以“做有道德的人”活动为龙头，重视中小学校学生的养成教育，指导各学校结合实际，打造特色鲜明的德育活动品牌，如莲塘三小校园吉尼斯、尚礼之星评选，礼乐俱乐部（留守儿童）；莲塘八小的“三生”教育——热爱生命、学会生存、享受生活；莲塘一小“三字经”教育，教育学生向善、学善。三是建好一批未成年人校外活动场所。南昌县从 2012 年起开展乡村学校少年宫试点项目建设，按硬件和软件分块进行分工合作、分解任务，完成少年宫的筹建工作，做到了“七有”，即：有场所、有机构、有项目、有计划、有制度、有师资、有检查，并将乡村学校少年宫和心理辅导中心、心理咨询室建设资金纳入财政预算。县综治办、县妇联和团县委联合开展的留守儿童之家、集善之家、青少年关爱中心“三个之家”示范点建设业已启动。每个示范点配有专人负责，重点面向城乡留守儿童。

办活动倡导文明风尚。一是精心组织“三关爱”学雷锋志愿服务活动。县直各单位、部门，各乡镇分别成了学雷锋志愿服务队伍，先后组织开展了爱心结对、邻居互助、交通劝导、清洁家园等志愿服务活动，县法院、到气象局、县环保局等部门结合业务特长，组织开展了进村、进社区的专业志愿服务活动，得到了群众的普遍赞誉。团县委、妇联、总工会和残联等部门发挥群团组织优势，广泛组织社会各界人士，面向空巢老人、留守儿童、农民工和残疾人等群体开展学雷锋志愿服务活动，通过送温暖、送服务等方式，使群众在创建中得到了实实在在的利益。二是开展道德领域专项教育和治理活动。县创建指挥部多次召开推进会进行部署落实，县质监局、县工商局、县人社局结合工作实际，分别组织在与群众生活关联度高、社会关注度高的食品行业、公共文化窗口单位以及金融、供电、供水等窗口行业开展专项教育活动，深入开展自查自纠，精心组织道德评议，通过开展“文明餐桌”“我与文明同行”“我为文明代言”等道德实践活动，有针对性地解决诚信缺失和公德失范问题。三是开展“我们的节日”主题活动。县文化局发挥民间文化组织的参与热情，因势利导，在传统节日期间开展迎春花灯展、迎春晚会、龙狮民俗巡游拜年、中秋文艺晚会等群众自娱自乐的文化活动。在端午、中秋、国庆等重大节日组织了社区艺术团队文艺汇演、澄湖大舞台展演等系列文艺演出活动，吸纳社会力量，打响“百姓大舞台”“幸福澄湖”“澄碧湖艺术节”等一系列文化品牌，极大地丰富了群众的文化生活。四是推进乡村、社区“笑脸墙”建设。以“我们的社区（乡村），我们的家园”为主题，按照县、乡两级财政保障的方式，在全县各个社区（村）逐步推进“笑脸墙” 建设，完善乡镇、社区、乡村的文明创建信息报道队伍，收集“笑脸”背后的感人故事，引导大家积极向上面对生活，这些笑脸的背后有扶危济困的温暖、有相濡以沫的感动、有矢志不渝的执着、有持之以恒的坚守。目前，已在16个乡镇全面铺开“笑脸墙”活动，并将向村级覆盖，努力营造文明、和谐、幸福的社会环境和氛围。

树典型引领高尚情操。一是认真抓好文明单位、文明村镇创建。目前，全县有全国文明单位1个，省级文明单位18个、省级文明村镇6个，市级文明单位90个、市级文明村镇17个。同时依托南昌县文明单位联合会，不定期组织开展创建经验的学习交流，进一步提升了文明单位创建水平。二是以全国、全省道德模范、“身边好人”评选推荐活动为契机，挖掘先进典型。突出典型的群众性、真实性。通过张贴宣传海报、印发宣传单、开通微博平台等方式，让更多的干部群众参与到“身边好人”的推荐当中来。突出典型的时代性、先进性。三是开展典型事迹宣传教育。县文明办指导在市级以上文明单位、文明村镇中开设了近百个“道德讲堂”，定期开展道德教育，讲授道德故事，用道德力量感召教育机关干部、社区居民形成正确的道德观念。先后举办“塘南好人”事迹报告会，承办全市道德模范、身边好人巡演、巡讲、巡展活动，做好典型的事迹宣讲，增强示范引导作用，传递正能量。在县手机报定期开辟“身边好人”专栏，即时报道全县道德模范、身边好人推荐活动的动态；在县电视台开辟“身边好人”专栏，采取人物专题报道、专访等形式，对身边好人、道德模范先进事迹进行广泛深入的宣传报道，在全县形成向“好人”学习、争当“好人”的良好氛围。同时，在传统节日期间对县级以上道德模范、身边好人、文明之星开展集中走访慰问活动，并对生活相对困难的同志给予一定的帮扶和补助，进一步在全县形成关心关爱的浓厚氛围，树立好人好报的价值导向。

第二节　对话主题：多管齐下，落实社会保障

记者：社会保障是民生工程、民心工程。南昌县在这方面是如何统筹、协调的？

郭毅：本着国家社会保障低水平、广覆盖、有弹性、可持续的原则，我们与本地经济发展、居民需求实际进行了结合。我们把不同的参保人群按类别划分好，再深入细致地进行社会调研，逐一分析不同类别人群的保障现状、保障意识、就业结构、参保愿望、参保能力等，希望大家都能找到适合自己的参保方式。

记者：一提到社会保障，人们的观念往往很容易局限在社会保险覆盖面和待遇水平高低上。作为全国社会保障试点县，南昌县是如何在摒弃传统中创新思路的？

郭毅：我们的做法是“跳出保险抓保障，统揽全局拓视野”。劳动保障工作看起来是特定部门的具体工作，实质上，它是关系民生与稳定社会全局的大事业。我们必须立足本职、放眼全局，选准劳动保障服务机制的定位点。定位点找好了，服务的内容也就明了了。服务的对象是谁？是每一个职工群众，是经济建设，是社会稳定。

我们的社会保障，不应该只停留在社会保险覆盖面和待遇水平高低上，而是应该落实到每件具体的事情上面，带着感情、带着职责、带着任务，真心融入，真情服务，真抓实干。我们的社会保障工作要严格按照社会治理网格化工作的要求，做好统筹安排，联点、联村、联户，实现党员干部与群众联系地域上全覆盖。与此同时，我们也要不断完善常态化服务机制。要畅通三级联动机制，对群众反映的问题和困难，按照下派干部现场解决、帮扶单位协调解决、逐级上报统筹解决的程序，实现县、乡、村联动。除此之外，建立责任追究机制也是至关重要的一步。对在进展社会保障工作中浮在面上、不解决实际问题，弄虚作假、搞形式主义、增加基层负担、吃拿卡要的下派干部，以及对包干责任不到位、解决问题无实效、反映上去的问题相互推诿的下派干部，将严肃追究责任，进行相关组织处理或纪律处分。

记者：当前，“看病难，看病贵，医疗纠纷”已成为各方瞩目的社会问题，同时也是民生问题的热点和矛盾的焦点。为此，您怎么看？

郭毅：我认为，只有妥善协调好医疗与民生之间的和谐关系，才能推进经济建设的发展。只有推动医疗事业的完善，才能真正地为老百姓造福！因为它对于构建和谐社会，实现社会公平，促进社会经济发展，都具有十分重要的影响。近年来，我们以全面提高南昌县人民的健康水平为中心，着重完善公共卫生和基本医疗服务体系，进一步改善医疗设施条件，加强重点医院、特色医疗机构建设，提高医疗技术水平和服务水平。加强基层卫生建设，为百姓提供公平、优质、便捷和负担合理的医疗卫生服务。进一步开放医疗服务市场，并且结合休闲娱乐产业发展，构建与之相匹配的健康医疗保健机制与设施，形成专业而又富有特色的医疗服务体系。

记者：今后一段时期，南昌县医疗卫生工作的目标是什么？

郭毅：我想主要有这样两个目标：一是建立起完善的公共卫生服务体系、城乡医疗保障和医疗救助体系、卫生监督和突发公共卫生事件应急处理机制。二是加快建立覆盖城乡居民的基本卫生保健制度，不断完善医疗卫生管理、公立医院机构运行、医药市场监管、财政经费保障等机制体制，为群众提供安全、有效、方便、价廉的公共卫生和基本医疗服务，做到“大病有保障，小病方便看”，力争率先基本实现卫生现代化。

☞资料链接

民生医疗让百姓看病更便利

“从我们乡到县城有 30 多公里路，老百姓看病很不方便，现在乡卫生院的医疗条件改善了，而且价格降低了，看病住院还能在医院直接报销，老百姓看病越来越方便了。”近日，家住南昌县黄马乡冯家村的吴大爷带着老伴在乡卫生院治病时感慨地说，“人老了，免不了头痛脑热的，在乡卫生院基本都能治好，不仅费用低，而且还省了去县医院来回奔波的辛苦和路费。”

吴大爷所说的新变化，只是南昌县全面推进医疗卫生事业发展过程中的一个缩影。医疗惠民政策频繁出台，机制不断得到完善，医疗条件不断改善，百姓看病就医越来越方便。在南昌县，无论是在城镇还是在乡村，人们都能充分享受到日益完善的医疗卫生体制带来的便利。

2014年以来，南昌县继续深抓新农合工作，配套落实相关惠民政策，让老百姓看病就医不再难。该县参合人数达到77.49万人，参合率达到98.31%。年度人均筹资390元，普通病住院补助封顶线提高到10万元，特大病住院补助封顶线提高到14万元。2014年1—11月份，全县共补助97.85万人次，补助金额2.76亿元。补助万元以上4406人，达10万元封顶线13人，达14万元特大病封顶线1人；参合农民受益面为126.27%；新农合统筹资金使用率为99.65%。南昌县坚持新农合实施方案每年一修订，以保证参合农民受益程度最大化。县、乡报销比例分别由2011年的65%、80%提高到2014的80%、90%；县外17家协议医疗机构报销比例达到65%，18家定点医疗机构报销比例达到55%，非定点医疗机构报销比例达到45%，并且将民营医院纳入了报销范围。全面实现参合农民住院医疗费用实时结算，一次性报账率均在90%以上。

为提高大病补偿水平，增加新农合大病患者受益，去年，南昌县开展大病保险工作，按筹资标准5%左右的比例（2014年为人均20元）划拨给中标保险公司，用于其对符合大病保险条件的参合农民进行补助。2014年1-10月符合大病保险补助条件参合农民共计2479人，共补助1034万元。待参合农民银行账户信息收集完毕，补助款将直接划拨至参合农民银行账户。

此外，南昌县在2009年12月份在全市率先推行实施国家基本药物制度试点工作，2013年实现县、乡、村三级公益性医疗机构全面实施基本药物制度。自实施国家基本药物制度以来，该县乡镇卫生院共让利群众达到5436万元，村卫生室共让利群众达到2652万元，2所公立医院改革试点医院累计为群众减轻药品费用负担2400余万元，共让利1.04亿元。有效破除了“以药补医”现状，把农村患者稳定在了基层，使群众切实享受到了医改成果。

南昌县去年还把落实重大卫生民生工程作为一项重要工作来抓，大力推进6项免费救治工作，免费总金额1865.07万元，有效减轻了群众的就医负担。2014年1-11月，共免费治疗白内障患者510例，完成任务的102%；免费治疗唇腭裂患者27例；免费救治儿童白血病患者18例，完成任务的900%；免费救治儿童先天性心脏病患者62例，完成任务的124%；尿毒症患者免费血透286例，完成任务的95.3%；免费救治贫困家庭重性精神病患者728例。

好政策的落实还需要完善相关服务。南昌县去年继续加大了涉及基础建设、公共卫生、血吸虫病防治等项目的建设力度。投资9800万元，建筑面积28600平方米的县中医院建设完工，去年12月28日投入使用；通过了国家血吸虫病传播控制标准考核验收；财政安排2700万元，将人均基本公共卫生服务经费由25元提高至30元；为城乡居民提供11类43项免费的基本公共卫生服务，建立居民健康电子档案60.15万份。医疗惠民政策的大力实施，卫生民生工程的落实到位，服务设施的完善，老百姓看病变得更加便利。

（南昌日报2015.1.3）

记者：就业是民生之本，是劳动者生存的保障，是人类最基本的生存权和发展权。我们南昌县是通过哪些方式来促进就业的？

郭毅：促进就业首先要研究失业问题，我们县的失业人员大部分为失地农民、农村的富余劳动力以及新成长的劳动力。他们失业的原因无外乎受教育水平低和职业技能水平低，要让他们就业，最根本的不是为他们提供更低要求的工作，而是要提高他们的就业能力，授之予鱼不如授之予渔。提高就业能力，最有效、最直接的办法是加强职业技能培训。在这个方面，我们颇费了一番心思。

记者：怎么讲？

郭毅：要解决好这个问题，关键点在于要准确把握就业方面的主要矛盾，集中力量做好失业人员的再就业工作。为此，我们大力倡导“培训就业走出门”。所谓“走出门”，一是走出机关大门，将培训业务送到基层，送到有需要的人手中；另一层含义是，我们把培训点设到基层，把培训服务送到家门口，使大家能够通过培训掌握好职业技能，从而走出家门实现就业。

除此之外，县委、县政府还不断加大创业金融支持力度，充分运用中央银行对中小金融机构发展再贷款、支农再贷款、再贴现等货币政策，增强地方商业银行、城乡信用社信贷投放实力，引导其加大对各类民营创业经济的信贷支持，通过小额贷款政策加强对下岗失业人员、高校毕业生创业的金融支持，扶持下岗失业人员、高校毕业生、退伍军人等单独和合伙创办小企业。加强农民创业资金扶持，积极拓宽农户小额信贷和联保贷款覆盖面。与此同时，我们积极推动创业金融产品和金融服务创新，扩大小额担保贷款范围，降低贷款条件，拓宽担保方式，将下岗职工、大中专院校毕业生、退伍转业军人、进城务工农民和其他城镇失业登记人员纳入申请小额贷款范围，并提高小额贷款金额。

我们大力弘扬创业精神，倡导“创业有功、合法致富光荣”的价值观念，培育“吃苦耐劳、诚信至上、尊重规则”的商业精神，着力改善创业环境，培育创业文化，致力营造一个“支持创业、鼓励创新、追求成功、宽容失败”的浓厚创业社会氛围，不断激发全社会的创业活力，把潜在的技术、人才资源转化为创业资源。

记者：在处理就业问题上，我们有什么要注意的吗？

郭毅：有几个关系必须要处理好。一是正确处理发展经济和扩大就业的关系，通过发展经济促进就业，通过扩大就业推动经济发展，实现发展经济与扩大就业的良性互动；二是正确处理经济结构调整和扩大就业的关系，使经济结构调整和劳动力结构调整协调推进；三是正确处理深化改革和扩大就业的关系，坚持减员增效和促进再就业相结合、职工下岗分流和社会承受能力相适应的原则；四是正确处理城乡经济协调发展和扩大就业的关系，把引导农村富余劳动力转移和解决“三农”问题紧紧联系起来；五是正确处理完善社会保障体系和扩大就业的关系，解决保障基本生活的当务之急，通过促进再就业解决下岗失业人员的根本出路，通过完善社会保障体系为深化改革和扩大就业提供保障。

归根结底一句话，我们一定要统一思想，提高认识，明确任务，调动一切积极因素，把这项重大的民生工作抓紧、抓实、抓好。

记者：不管是加强培训也好，鼓励创业也好，都是为了千方百计地促进就业。可见其重要程度。

郭毅：是啊！就业是根本，直接关系国计民生，没有充分的就业就不会有真正意义上的社会稳定。扩大就业机会，提高就业质量和水平，不仅是当前的一项重点工作，更是一项长期的战略任务。扩大就业，促进再就业，不仅是重大的经济问题，也是重大的政治问题，是全面建设小康社会和构建和谐社会的重要任务，也是全心全意为让人民服务的重要体现。

就业是民生之本，创业是就业之源。实现家门口就业创业是老百姓内心渴求之事。南昌县在做大做强工业园区同时，加强与工业园区技能岗位对接，通过开展“招聘直通车”送岗位下乡专项招聘活动，促进农村富余劳动力到园区就业；采取实施岗位补贴和社会保险补贴等政策，全面启动“两后生”培训，重点帮扶高校毕业生和下岗失业人员实现稳定就业。2013 年实现新增城镇就业 1.1 万人、农村劳动力就业 1.4 万人，发放小额担保贷款 2.1 亿元，“零就业”家庭实现动态清零。2014 年，安排 2600 万元，推进就业创业工作，实现全县城镇新增就业 8000 人，下岗失业实现再就业 3600 人，新增转移农村劳动力 11000 人，推动创业孵化基地建设、打造农民工散工超市，实施被征地农民创业补贴。推进由政府购买 177 个城镇公共服务和基层社会管理岗位的人员享受就业优惠政策。免费培训 260 名残疾人，同时为残疾人购买 201 个农家书屋公益性岗位，促进残疾人就业。

记者：职工相对用人单位是弱势群体，出现问题时候的维权工作一直是个“老大难”问题，我们是采取哪些有效措施进行突破的？

郭毅：我们的主要做法是，坚持依法办事，加强法制宣传力度。坚持机制运行，形成以劳动监察、仲裁及基层劳动保障为主体的工作机制，一句操作细则规范运行，办事程序环环相扣，严密紧凑，及时处理和有效解决劳资矛盾。我们坚持预防制衡，通过从整体上督促企业改善劳动条件，平衡劳资关系来积极保障劳动者的合法权益。同时，加大预警、预测力度，及时消除不稳定因素。

记者：在帮助职工维权方面，我们有哪些好做法？

郭毅：主要是以预防为主，上门服务为先。用上门控访替代被动接访。同时，我们利用各种方式在公共场所进行大范围、滚动式宣传教育，对较大企业和劳资纠纷问题较多的企业上门进行针对性宣传培训，对特殊行业和高风险企业进行预防性高密度宣传，还扎扎实实地采取多形式上门维权服务措施。比如说，我们通过上门掌握了解企业员工工资支付表相关情况后，就可以有效预防控制牵涉最低工资标准、职工参保等方面的维权纠纷。我们尽最大努力在各险种间建立起双向互通的零障碍对接机制，真正实现“满足需求，提升档次”的和谐保障目标。

记者：生活当中，每个人的保障需求各不相同，南昌县怎样在满足不同人群的保障需求下，兼顾扩大社会保障惠及面的？

郭毅：是啊，大家的需求各不相同，不能简单用一把尺子来衡量，但也不能有多重标准，怎么办呢？我们的做法是抓重点群体，抓突出问题。首先，我们向弱势群体敞开保障大门。在坚持社会保障普惠性基础上，针对当前亟需解决的农民工和纯农民参保问题、城镇下岗失业人员的续保问题，采取扶持措施，提高稳定性与保障性。其次，我们向涉及历史遗留问题的群体敞开保障大门。按照国家政策采取补救措施，扩大保障范围，解决该类群体的实际问题。最后，我们向新出现的社会群体敞开保障大门。针对被征地农民制定地方性业务政策，提高社会保障的政策覆盖面，保障他们有工作岗位，有可靠保障。

记者：据说南昌县在被征地农民保障方面下了很多功夫，这是出于什么考虑，具体有哪些做法，能介绍一下吗？

郭毅：要真正解决好民生问题，除了在精神层面强调发展为人民，发展靠人民，发展成果人民共享外，还要高度重视、着力解决人民群众最关心、最直接、最现实的利益问题。我们一定要弄清楚发展是为了什么，是为了谁而发展的问题。我们绝对不能和老百姓争利益！

一定要有一颗为老百姓服务的心，才能把老百姓的事情做好。

被征地农民的积极配合是我们城乡一体化建设能够顺利进行的重要保障，为我们构建现代化综合新城贡献了很大的力量，我们不能因为要花眼前的“大钱”就忽视他们的权益。在这个问题上，我们既要兼顾眼前利益，又要把长远的事情做好，要对百姓负责。不仅要为被征地农民的今天负责，还要为他们的明天、后天，及他们的子孙后代负责。我认为，社会保障不能只算个体账、风险账，更要算整体账、发展账。

为此，在加快发展县域经济的同时，我县积极推进被征地农民的就业保障、社会保障和住房保障三项工作，实现被征地农民“失地不失业、失地不失保障、失地不失房”，增进了民生福祉，促进了社会和谐稳定。

首先，政府帮“找工作”，失地农民“上田入厂”。县里下发了《南昌县失地农民就业援助办法》，投入8000余万元用于失地农民就业援助，建立企业招聘失地农民奖励激励机制：即每招聘一名失地农民，县政府给予企业共3年每年3000元的用工补贴；出台多项失地农民就业优惠政策，使其享受免费职业介绍、小额担保贷款、社会保险补贴、岗位补贴等就业扶持政策；县重点推进了国家级开发区——小蓝经济开发区的建设，吸引大量的本地农民就业，目前开发区有产业工人4.6万，其中本地农民占40%。

其次，政府帮“买保险”，失地农民喜领养老金。我县2012年出台了《南昌县被征地农民养老保险试行办法》，全面建立被征地农民养老保险制度，并积极筹措近15亿元资金，统一解决社保问题，惠及5.8万被征地农民。被征地农民参保费用“大头”由政府买单，即费用由政府承担60%，个人承担40%，并且对于选择参加职工养老保险的被征地农民一次性往前补缴完个人部分的，政府给予个人缴费部分10%的奖励。农民向城里人一样领退休金，每年还能随经济的发展而增长，最多的一个月可以领1300元养老金了。

最后，政府采取灵活安置措施，失地农民居有其屋。在居住方面，我县采取了比较灵活的安置办法，失地农民可以拿着土地或房屋补偿款去县城或其他地方购买商品房，同时规划了一些土地让农民自建住房。同时，2011 年还启动了 14 个基础设施配套齐全的新农村社区安置房建设项目，实现“农房变商品房，农村变品质社区”。为了发展村集体经济，部分社区的一、二楼的店面建立了店铺，产权归集体所有，村里的每个人年底都得到分红。

第三节 对话主题：城乡统筹，让百姓安居乐业

记者：南昌县坚持城乡统筹理念强力推进民生工程，使得城乡居民的幸福指数一天天提升，这也是一大宝贵经验。能为我们详细介绍一下相关情况吗？

郭毅：近年来，南昌县按照“百姓点菜、政府买单”的原则，积极回应群众“碎片化、多样化”的民生需求，突出解决人民群众最关心、最直接、最现实的利益问题。同时坚持城乡统筹原则，不断缩小城乡居民生活差距，让城乡居民全部过上幸福生活。

例如，我们实现城乡教育均衡化，全民共圆“教育梦”。城乡教育差距一直是老百姓关注的热点，让农村的孩子也能和城里的孩子一样接受优质教育是很多农村家长的心愿。为了缩小乃至消除城乡教育差距，南昌县将教育资源分配这“一碗水”端平作为突破口，逐年加大财政投入用于农村学校的建设，2011 ～ 2014 年我县累计投入资金 4.36 亿元，新建校舍 130 栋，兴建面积 33.5 万平方米，新增学生教室 1125 间，新增功能教室 300 间，新建师生食堂 1.7 万平方米。县委县政府决定

自2013年用3至4年左右的时间实现全县农村中心校区全覆盖，政府购买校车，对路途较远学生进行午餐补贴。在人口稠密的县城莲塘镇，目前已经拥有了3所高中、6所初中、17所小学。教育资源的分配星罗棋布，使得学生上学更加方便，“15分钟上学圈”已经构筑完毕。全县义务教育免杂费覆盖面达100%，免教科书覆盖面达100%。

我们开展了“文化惠民工程”，让城乡共享“文化大餐”。农民群众的物质生活上去了，可是精神文化生活如何丰富呢？这是我们县委、县政府一直要思考的问题。近年来，南昌县不断推进“文化惠民”工程，丰富农村文化生活。在对县里16个乡镇文化站进行全面整改之后，不断整合“农家书屋”“电子阅览室”“文化活动室”“党员之家”等资源，推进“村级文化大院”建设。同时，县里大力开展“送欢乐下基层”“春联进万家”、文艺服务队进基层、“慰问农民工”专场演出、全县民间文艺团队汇演、五四青年节文艺演出、乡村广场舞比赛、乡村歌会等一系列群众文化活动，极大地丰富了人们的精神生活。

除此之外，我们县里还坚持城乡文化互动，把城里的文化送下乡，乡村的民俗请进城，共建县域文化圈，让全县人民共享丰盛的文化大餐。“龙狮欢腾闹新春”民俗巡游、“乡曲乡情”优秀民间团队展演、“书香昌南”新春图书展、“迎新春送吉祥”送春联、年画下乡、“新曲新风”文化三下乡……2015年春节期间，县里举办了300多场文化走亲活动，让城乡百姓同乐。

2014年，县里安排500万元用于全县农民群众免费看演出、看电影，开展各类富有特色的文体活动，对文化信息共享工程村基层服务点、农家书屋运行进行补助；统筹安排各级财政资金225万元，用于免费开放博物馆、纪念馆、图书馆、文化馆（站）等公共文化场所；盘活、整合、创新现有文化资源，逐步打造“城市社区15分钟文化圈”和“农村文化大院30分钟文化圈”；扶持培育民间文化社团、文艺协会，提升公共文化服务水平，健全公共文化服务体系，让城乡居民共享经济发展带来的“文化大餐”。

记者：县里对改善农村生活，推动城乡一体化工作，确实是下了大力气啊。

郭毅：是的，早日实现城乡一体化一直是我们奋斗的目标。我们为改善民生，提高人民的生活水平，所做的远不止这些。为进一步推进城乡一体化建设，南昌县始终坚持建管并重，以科学的规划推进城乡建设，将创建文明县城和巩固省级卫生县城、省级园林县城创建有机结合，努力打造优美舒适、宜居宜业的城乡环境。

我县依托全国统筹城乡一体化制度改革试验区等平台，开展了“城乡规划年”“建筑工程质量管理年”“城市管理规范年”三大主题年活动，完成了《南昌县城十二五近期建设规划(2011-2015)》等规划修编。把县城总体规划、昌南组团战略性规划和昌南新城控制性详规等主动纳入南昌市总体规划之中，确立了莲塘老城、岱山片区、象湖新城、小蓝经济开发区、向塘开发区等19个功能区的协调发展格局。整合环卫所、村建所、控违办等资源组建乡镇城管所，向塘、蒋巷、黄马、幽兰等4个特色小镇以及蒋巷三洞村、向塘西洛村、黄马徐家村等8个“空心村”整治（新社区）建设稳步推进。东新乡进入国家级生态乡镇行列，全县国家级生态乡镇达到6个。澄碧湖北苑广场景观绿化提升、东莲路市民公园等3个项目顺利竣工，第二批105国道沿线“五化”整治完成，为县城增添了一道道亮丽的风景。南外环、昌南体育中心、一附院象湖院区等省、市重大基础设施和公建配套设施项目相继投入建设，为现代城市发展勾画出宏伟蓝图。

记者：为了打造优美舒适、宜居宜业的城乡环境，县里这些年一直在持续对旧城的改造工作，您是怎么看待这项长期而又艰巨的工作的？

郭毅：对目前的南昌县来说，虽然城市建设取得了很大的成绩，但是旧城改造任务依旧很艰巨，不能松懈。旧城改造是拉动经济发展的“加速器”，是改善民计民生的“发动机”，其核心在于房屋征收工作。需要注意的是，房屋征收不仅涉及到群众的切身利益，更具有很强的政策性、连续性，必须始终做到一碗水端平、一把尺子量到底。要善于从长远的角度、长期的利益、长久的效益来算账，坚守政策底线，做通群众工作。我们要敢于面对、多措并举，用过细、过实、过硬的工作，以锲而不舍的态度，来找到“开锁的钥匙”。在此基础上，坚定不移地打好政策组合拳，切实解决被征收群众的后顾之忧。比如说，安置房建设、分配及物业管理的问题，失地农民就业、养老保险和未来生计的问题，村集体经济发展的问题等等，都需要我们把工作想到前头、做到细处，以全方位的保障来赢得群众的真心支持和拥护。

记者：在旧城改造的同时，一个崭新的南昌县也渐渐呈现在我们面前，您对南昌县的新城建设有什么要求和期待？

郭毅：这两年，我们通过一些主干道的提升改造和临街建筑、关键节点的集中打造，使得城市的业态、品位有所提升，功能不断完善，但这仅仅是起了个步。综合新城建设是一项系统工程，不仅靠建设，还要靠管理，更要通过以城带乡来增强城市的辐射带动能力。

一是城市建设要提升标准。按照“等高对接主城区、深度融入大南昌”的要求，积极策应全市新城建设工作，强力推进了各项基础设施及配套功能项目，加速推进武阳创业园路网、汇仁大道提升改造、雄溪河景观提升改造、向塘物流基地路网项目，不断完善功能配套，提升城市品质。

二是城市管理要由表及里。积极响应全市创文保卫工作，进一步完善标本兼治的城市管理体制，在注重城市净化的同时，同步关注美化、亮化等系统工程；在注重主次干道、临街背巷的同时，同步关注小街小巷和百姓的房前屋后；在注重部门联动的同时，同步发动全民参与，着力构建大城管体系，真正以“眼里揉不进沙子”的状态，来管出城市好形象。

三是统筹发展要镇村联动。紧紧抓住新型城镇化建设的有利契机，坚持把镇村联动作为推进城乡一体化发展的突破口，加速推进特色小镇建设，深入推进农村新社区（空心村整治）和新农村村点整治建设，使其成为镇村联动发展的样板区、示范点，并带动更多镇村改善环境、改变面貌。

记者：最后，请描绘一下未来南昌县将会是怎样的一幅图景？

郭毅：未来的南昌县将会是一个更发达、更民主、更自由、更幸福的和谐城市。经济发展、劳动保障、文化教育、医疗卫生、环境整治等各部门的服务触角取得更显而易见的进步，权为民所用，情为民所系，利为民所谋。人们学有所教、劳有所得、病有所医、老有所养、住有所居，生活幸福。

资料链接

财力增长之后……且看南昌县发展升级的深层动力

2011 年，10 亿元；

2012 年，17 亿元；

2013 年，24 亿元；

2014 年，30.3 亿元。

这是南昌县近年来在民生方面的投入情况。

这不是一组简单的数字，它折射出了南昌县为民惠民的发展观和政绩观，书写出了南昌县致力推动民生福祉促发展升级的生动实践。

发展为了人民，发展依靠人民，发展成果让人民共享，通过致力推动民生福祉，凝心聚力，催生发展动力。在省委“发展升级、小康提速、绿色崛起、实干兴赣”十六字方针的正确指引下，全省上下吹响了发展升级的集结号。作为全省县域经济领头羊，南昌县自我加压，主动担当，以全面深化改革为动力，以践行群众路线为保障，在回馈民生的积极行动中挖掘发展升级潜能，推动经济社会持续健康较快发展。

发展为了谁？民生投入连续三年年递增 6 亿元以上

2014 年，围绕省委“十六字方针”，按照打造核心增长极“两年有看头、三年有突破”的要求，南昌县主动适应新常态，以改革的思维、创新的手段，大力实施工业、第三产业、房屋征收、新城建设四大“三年强攻计划”，推动经济社会稳步发展。

据统计，南昌县 2014 年财政总收入和地方公共财政预算收入分别达到 87.3 亿元和 52.4 亿元，较上年分别增长 20.2% 和 15%，两项指标连续 5 年稳居全省县（市、区）第一。县域经济综合实力逐步向省内设区市规模赶超；税收收入占财政总收入的比重更达 90.1%，高出全省平均水平 14 个百分点，充分展示了该县经济发展的高质量。而在去年 11 月公布的第十四届全国县域经济基本竞争力百强排名中，南昌县阔步前移 15 位，一举跃居第 52 位。

为有源头活水来。催生“加速度”的动力，不是无源之水、无本之木。“没有回馈民生的发展，是不可持续的发展”，南昌县深刻认识到，只有坚持让利于民、寓富于民，让发展成果普惠于民，积极践行强县与惠民并举，才能凝聚全县百姓的力量，进而激发全县百姓实干苦干的决心和源源不绝的动力。

“会做蛋糕，更要会切蛋糕。”该县财力的分配方向非常清晰：把新增财力向困难群众、向农村、向基层、向社会事业薄弱环节倾斜。2014年，该县民生资金投入30.3亿元，实现了2011年以来民生资金投入年均净增6亿元以上。从“城乡一体”到“综合医改”“教育均衡”，一项项民生难题逐渐被解；从旧城改造到新型城镇化建设，一个个提升百姓幸福指数的民生项目全面推进……

工程如何选？百姓点菜政府来买单

“民生工程是政府为民办实事、办好事的民心工程和德政工程，工程的提出和选定必须尊重民意。”资金投入是前提是保障，而能否扎实有效推进，能否切实体现群众意愿，则真正决定政府民生工程“得分率”。

为让百姓真真切切分享发展带来的红利，感受到政府的关怀，南昌县充分听取群众的意见，了解老百姓的真正需求，把民声作为第一信号，变民生工程的“官选”为“民选”。按照“百姓点菜、政府买单”的原则，该县积极回应群众“碎片化、多样化”的民生需求，着力解决人民群众最关心、最直接、最现实的利益问题。

2014年，结合第二批党的群众路线教育实践活动，南昌县坚持以问题为导向，通过网上征集、部门调研等方式，在充分尊重民意的情况下，共筹集财政性资金30.3亿元，着重围绕就业创业、社会保险、社会救助等方面，集中办好涉及群众切身利益的66件实事，力保民生福祉普惠于民。

一年来，该县城镇新增就业0.82万人，新增转移农村劳动力1.05万人，“零就业家庭”安置率达100%；社会保险“五险合一”深入实施，各类保险覆盖面进一步扩大，基本养老金征缴在全省率先突破10亿元大关，达到10.15亿元，被征地农民养老保险参保实现全覆盖，人均每月领取养老金1200余元；投资1.2亿元的第一批8所乡镇中心学校、投资1亿元的县中医院新院投入使用；完成了657套廉租房摇号分配工作，26套廉租房、200套公租房、1500户棚户区改造全面完成……这66件实事，件件由百姓自己选出，自然事事办到百姓心坎上。

质量如何保？多道监督把牢民生关卡

1月4日11时30分，眼看就要到午饭时间，可南昌县横岗村村民涂和平却依然在自己的新家里忙碌地督促着装修工作，他要确保在春节前能乔迁新居。涂和平的新家属于南昌县的棚户区改造项目，它有一个很好听的名字——幸福雅苑小区。对房子的质量，涂和平很放心。作为村民选出的巡查代表，房子施工期间，他每天都要到工地上监督建筑质量和施工进度。“我是看着它一砖一瓦地垒起来的。”涂和平乐呵呵地对记者说道。

到位的管理和严格的监督，是防止民生工程在建设环节出问题的重要保证。为确保民生资金用之于民、惠及于民，南昌县不断健全推进机制，实行民生事项进展“月月报”，扎实有效推动民生工程实施。该县还不断强化各方监督，积极组织“两代表一委员”和老干部视察项目推进情况，主动邀请农村“两老人员”参与全县重大重点项目建设管理，并在县政府门户网站开设重大重点项目专栏，在人流量集中的澄碧湖文化广场LED屏和县委权力公开运行专栏，定期公开实施项目，提高群众的知晓度和参与度。

同时，该县还通过健全督查机制，加强对民生工程督查管理。去年5月至10月，南昌县在对2012年至2013年扶贫资金和社会救助资金全面自查的基础上，重点检查城乡医疗救助、城乡最低生活保障、五保户供养、孤儿基本生活保障、整村推进扶贫、扶贫移民搬迁和特困片区扶贫产业化资金的管理使用情况，对群众反映强烈、案件线索清楚的将追溯至以前年度，保障财政资金取之于民、用之于民。

（江西日报2015.2.15）

访谈篇之县长访谈

第五章　聚焦“四个强起来”

第一节　对话主题：争当“四个强起来”先锋队

记者：南昌县今年的发展可谓态势良好，劲头十足。最集中的体现就是全国百强县排名提前实现五十强目标，跨越至41位。而最新的数据显示，2015年前三季度，南昌县财政总收入累计完成73.2亿元，同比增长18.1%，地方公共财政预算收入完成43.7亿元，同比增长16.4%。您怎么看这些成绩的取得？

刘闯：良好发展成绩的取得，得益于省委“十六字”方针的正确引领，市委打造核心增长极、实施四大“三年强攻计划”的科学目标，以及全县干群共同奋斗的努力实际。特别是省委、市委对我县提出的争当“四个强起来”先锋队的希望鞭策，为我县指明了新方向，进而推动了我县经济社会的新发展。

记者：争当“四个强起来”先锋队？能具体介绍一下吗？

刘闯：今年3月，省委书记强卫在出席南昌市领导干部大会时强调，南昌市要紧紧扭住“做强南昌”这个战略目标，保持一以贯之的好思路好做法，深入贯彻省委十六字方针，努力壮大自身的综合实力，在产业发展、城市建设管理、辐射带动、作风建设等各个方面都强起来，以新成就为实现全省“五年决战同步全面小康”奋斗目标作出更大贡献。“四个强起来”的具体要求，科学指明了南昌市未来的努力方向。

4 月 14 日，省委常委、市委书记龚建华同志到南昌县及小蓝经开区视察调研，对县区经济社会发展给予了充分肯定，对县区今后发展寄予了殷切希望。特别是明确提出了“南昌县及小蓝经开区要在全国找坐标，为全省立标杆，努力当好全市‘四个强起来’的先锋队”的希望和“在加快产业升级中担当‘尖刀’、在新型城镇化进程中勇做标杆、在现代农业发展中力求特色、在党建创优中率先垂范”的要求。龚建华书记的重要讲话，始终贯彻了省委强卫书记对南昌市提出的“四个强起来”的具体要求，科学指明了南昌县及小蓝经开区未来的努力方向，为南昌县经济社会发展提供了根本遵循。

记者：南昌县是江西首府首县，省委、市委对你们寄予了厚望。那么南昌县是怎样贯彻“在全国找坐标、在全省立标杆、在全市当先锋”目标要求的呢？

刘闯：作为“首府首县”，南昌县及小蓝经开区主动担当，积极作为，迅速掀起学习贯彻落实龚建华书记重要讲话精神热潮，以讲话精神统一思想和行动、凝聚智慧和力量，保持敢于涉险滩、敢于破藩篱、敢于担责任的闯劲，努力为全省五年决战同步小康、全市实现“四个强起来”战略目标作出新的更大贡献。贯彻方法有：

一是解放思想，形成共识。思想是行动的先导。贯彻落实好“四个强起来”的要求，就要坚持把解放思想放在首位，跳出传统思维定式，突破利益固化藩篱，以思想大解放树立新标杆、实现新定位。要提升发展理念，勇于突破画地为牢的局域视野，主动把南昌县放到放到全国大格局中去比拼、找坐标，敢于同先进地区、发达县区比，与发展快、实力强的县区比，在比拼中加速赶超，在借鉴中实现超越。要拉升工作标杆，勇于破除传统县域的思维定势，树立追求完美、追求卓越的理念，自觉地按照中等城市的标准来提升城市建管水平，按照国家级开发区的标准来发展工业，按照国家现代农业示范区的标准来提升农业，按照全国农村改革试验区的标准来统筹城乡发展，努力使每项工作都向省、市一流水平看齐，向改革开放的前沿地区看齐，使全面争创一流成为县区上下的共识。要提振精神状态，勇于打破“按部就班”的工作惯性，克服安于现状、不思进取、畏难情绪和等靠要的传统观念，保持奋发有为的精神状态和强烈的事业追求，在新常态下赢得弯道超车的先机和主动。

二是狠抓落实，积极作为。学习贯彻龚建华书记的重要讲话精神，最根本的是要落实到各项工作中去，转化到具体的工作成效上，不断提升南昌县在全市的贡献率、在全省的首位度和在全国的竞争力。要在全国找坐标，通过“四比”方式，纵比增幅、横比总量、内比人均、外比排位，切实比出差距和不足，比出压力和动力，比出干劲和激情，引领县域经济发展在全国坐标系中找差距、谋借鉴、争进位，朝着全国百强县中上游水平加速冲刺。要在全省立标杆，以做一等工作、创一流业绩的理念，不断追求完美、追求卓越，持续放大综合实力全省领跑效应；按照“缺什么补什么、弱什么强什么”的要求，有的放矢补齐工作短板，奋力推动南昌县在各个领域、各个环节争创一流，真正以无数个第一支撑起首府首县的称谓和地位。要在全市当先锋，发挥县域经济和国家级开发区共融的示范效应，担负起主要经济指标勇挑大梁，重点全局工作走在前列，特色亮点工作探索先行的责任使命，全面构建做强南昌、打造核心增长极的重要战略支点。要在加快产业升级中担当“尖刀”，推动传统制造业向战略性新兴产业的转型升级，努力在全市产业升级尤其是工业升级上率先破题建局、闯出新路；在新型城镇化进程中勇做标杆，紧抓国家农村改革试验区等平台机遇，为全省、全市统筹城乡发展探索路径、树立标杆；在现代农业发展中力求特色，加快转变农业发展方式，调整农业产业结构，努力走出一条富有特色的现代农业发展之路；在党建创优中率先垂范，以党建统领，促作风转变、服务提升、环境优化，汇聚改革发展的正能量，切实当好全市“四个强起来”的先锋队、尖刀班。

三是提升能力了，敢于担当。贯彻落实龚建华书记的重要讲话精神，需要以能力提升保障任务落实，以铁肩担当责任使命。各级干部尤其是领导干部要常怀“本领恐慌”，常思责任担当，不断提升理解力、执行力和操作力。要着力增强改革创新的能力，善于在学习中积极探索、敢为人先，善于在借鉴中革故鼎新、创新求变，着力用新观念研究新情况，用新思路适应新常态，用新办法解决新问题，用新举措开创新局面。要着力增强依法行政的能力，坚持“法定职责必须为、法无授权不可为”，不断强化法治理念，自觉运用法治思维和法治方式深化改革、推动发展、化解矛盾、维护稳定，努力做到办事依法、遇事找法、解决问题用法，切实在法治轨道上推动各项工作。要着力增强为民服务的能力，坚持立党为公、执政为民的价值追求，满怀服务群众、无私奉献的公仆情怀，始终以“群众满意不满意”作为工作标准，按照“百姓点菜、政府买单”的原则，积极回应群众的个性化诉求，突出解决好群众反映强烈的教育、医疗、卫生、交通、治安等问题，进一步提升群众的安全感、幸福感和满意度。要着力增强攻坚克难的能力，牢固树立“只为成功找方法、不为失败找理由”的理念，遇事不推诿，遇难不躲避，总结提升一线调度、圈定“责任田”、换位思考、公开透明、加强督查等好的做法，推动各项工作在攻坚中上台阶、在破难中上水平。

记者：要当先锋，先晓不足。面对“四个强起来”先锋队新希望新要求，南昌县有没有对自身发展情况进行审视，寻找差距？

刘闯：面对当好全市“四个强起来”的先锋队的新希望，面对“在加快产业升级中担当尖刀、在新型城镇化进程中勇做标杆、在现代农业发展中力求特色、在党建创优中率先垂范”的新要求，南昌县倍感使命光荣、责任重大，特别是通过与发达地区相比，与全国百强县中上游水平相比，我们还有一些差距和不足，主要表现在：一是经济总量还不够大。与先进发达地区相比，与同处中部地区的长沙县相比，我们在总量上的差距还比较明显，就财政总收入而言，2014 年南昌县为 87 亿元，长沙县突破 200 亿元。二是产业结构还不够合理。第三产业占比与百强县平均水平还有较大差距，工业主导产业集聚层次不高，农业产业化水平不高。三是发展速度还不够快。当前，受经济下行压力影响，主要经济指标增幅呈现出回落的趋势，等等。

记者：查找到了差距，也就寻找到了出路。围绕“四个强起来”先锋队目标，南昌县好像提出了“四个致力于”举措，能介绍一下吗？

刘闯：“四个致力于”分别为：一是致力于担当产业升级的先行者。通过工业提质增效、三产集聚成片等举措，推动传统制造业向战略新兴产业转型升级，努力在全市产业升级尤其是工业升级上率先破题；二是致力于建设宜居宜业的示范城。以创建全国县级文明城市为契机，高起点规划、高标准建设、高水平管理，加速打造现代化综合新城；三是致力于打造城乡统筹的样板区。紧紧抓住农村改革试验区等平台机遇，坚持以城带乡、城乡互动、镇村联动，通过旧城改造、发展特色农业、美化农村环境等加快推进城乡一体化进程；四是致力于争当廉洁南昌的排头兵。坚持把抓好党建作为最大的政绩，深入开展“党建工作责任落实年”活动，抓作风转变，抓服务提效，抓环境优化，凝聚改革发展的正能量。

通过这“四个致力于”，持续提升南昌县在全市的贡献率、在全省的首位度和在全国的竞争力，力争 2015 年“财政过百亿、园区冲千亿”，为南昌打造核心增长极再立新功。

第二节 对话主题：产业发展强起来

记者：“四个强起来”其中很重要的一点是“产业发展强起来”，南昌县的产业发展水平现状如何？

刘闯：近年来南昌县产业发展水平持续保持提升状态，主要体现在工业主导地位愈加凸显。去年开始，县里强力推进工业“三年强攻计划”，小蓝经开区实现主营业务收入400亿元，位列全省开发区第四位。汽车及零部件产业集群成为全省首批20个省级工业示范产业集群之一。江铃股份20万台汽油发动机、江铃特种专用车等15个项目开工，佳时特、百特威、江铃报废车辆厂等12个项目投产。上半年，汽车及零部件、食品和生物医药两大主导产业分别实现主营业务收入108亿元和118.5亿元，分别增长96%和11.4%。三产活力持续激发。围绕服务业“三年强攻计划”目标，重点推进七大业态、八大集聚区建设。强力推进总投资302亿元的41个服务业重点项目，全省首家县级沃尔玛正式开张营业，月星家居、法国欧尚、天虹商场等项目主体竣工。中航证券、国盛证券成功入驻。全县电子商务总交易额突破28亿元，交易额超1000万元以上的规模企业达13家。现代农业加快发展。水稻种植加工、水禽、饲料、兽药等4大产业入选全省农业重点产业集群。预计早稻总产达8.24亿斤，为粮食生产“十一连增”奠定了坚实基础。新增农业合作社170家、家庭农场2300家，农业规模经营水平稳步提升。

记者：南昌县经济发展的成绩有目共睹，产业发展水平的持续提升令人欣慰，其中是否也存在一些不尽如人意的地方？

刘闯：是的，南昌县经济发展成绩显著，但并不完美。支柱产业不强，服务业所占比重依然偏低，经济结构还需优化；资金、土地、能源等制约发展的瓶颈仍然存在，这些都是需要我们不断改进的地方。

强烈的忧患意识和危机意识，使我们深刻地感受到：发展时不我待！在激烈的竞争环境中，南昌县的发展犹如逆水行舟，不进则退。“取法其上，得乎其中；取法其中，必得其下。”南昌县要真正实现“产业发展强起来”，就必须要以“等不起”的紧迫感、“慢不得”的危机感、“坐不住”的责任感，确定一个同强的争、与快的赛、向高的比的目标，思维要更敏捷、眼界要更开阔、信息要更灵通、行动要更迅速，以快人一步的速度、超人一等的胆量、胜人一筹的战略，尽快缩小与周边发达地区差距。作为江西县域经济发展的龙头，南昌县唯有继续解放思想，继续改革创新，才能闯出一条推动县域经济实现科学发展的“康庄大道”。

记者：关于如何实现“产业发展强起来”，县里现在有明确的思路吗？

刘闯：在产业发展方面，县里始终坚持发力重大项目的思路，抓点延线，点上抓项目落地，线上抓产业延伸，推动产业集群发展，加快升级新型工业、现代农业、现代服务业，着力打造工业强县。

项目推进水平的提升是“产业发展强起来”的重要保障。为此，我们县深入开展了“项目提升年”活动，继续坚持“2+6”项目推进模式，坚持以项目为导向，不断推动主导产业集群发展、转型升级。2014年，小蓝经开区实现主营业务收入781.8亿元，比2013年净增255亿元，列全省开发区第四位，汽车及零部件产业集群成为全省首批20个省级工业示范产业集群之一。

为确保项目落地，南昌县建立了项目推进责任体系，去年以来，世界500强江森自控、全国最大的热交换系统生产厂家浙江银轮、全国医药知名企业济民可信和投资20亿元的江西测绘地理信息产业园、投资20亿元的广东加多宝、投资15亿元的金龙文化旅游生态园、投资10亿元的戴尔服务外包产业园以及同洲万华创新科技园等项目纷纷落户。2015年该县重大重点项目42个，总投资385.57亿元。

为给入驻企业提供贴心服务，南昌县积极创新智力支持、金融扶持、生产性配套等服务方式，促进产业提质升级。该县与全国前十强的深圳创东方投资公司合作，在全省县区率先设立规模达6亿的创投基金，并成功引进中航证券和国盛证券，实现了非银行业金融机构的零突破。此外，深入开展“财园信贷通”“助保贷”试点工作，累计发放贷款2亿元，惠及企业54家。同时，该县与时俱进发展电子商务，引进交易额1000万元以上的规模企业达13家，总交易额突破40亿元，开辟了产业发展的新路径。

记者：为实现“产业发展强起来”，县里将有什么具体的动作？

刘闯：县里将积极推动经济转型升级战略计划的进一步实施。按照工业做大做强、农业做精做优、三产做出特色的发展要求，南昌县将进一步优化产业结构，拓展转型空间。

集群式发展工业。以江铃股份30万辆整车项目为龙头，南昌县将全力以赴建设汽车城，重点打造千亿元汽车产业和百亿元食品产业，力争小蓝经济开发区早日跻身国家级开发区。同时，重点打造千万吨物流产业，以物流业带动产业集聚，力争向塘物流基地成为辐射中部、连接海港的物流中心和交通枢纽中心，在全省当仁不让地扛起汽车工业及食品、物流产业发展大旗。

集合式发展农业。在巩固和发展“2+4”产业布局的基础上，南昌县将集中精力打造一批示范点（种养基地、种养大户、龙头企业、农民合作社、“农家乐”经营体和农产品品牌等）、三条示范线（蒋巷中心公路沿线、莲塔线和320国道至黄马线）和两大示范片（蒋巷现代农业示范园和黄马“两江”生态农业走廊），探索建设芳溪湖优美新村示范片，为全国粮食安全作贡献，为全省现代农业作示范。

集聚式发展三产。坚持与南昌主城区错位发展，坚持以城市的标准规划发展商贸服务业，南昌县将像抓工业招商一样加大现代服务业和高端服务业的招商力度。为此，该县将重点建设“三圈三片”（三圈：以昌南新城为载体，打造东新滨江高端商贸服务圈；以莲塘核心区为重点，打造环澄碧湖综合商贸圈；依托现有重大产业布局，打造银三角商贸休闲服务圈。三片：依托物流基地，打造向塘综合商贸服务片；主动对接南昌航空城产业布局，打造塘南综合商贸服务片；依托城郊现代农业和区位优势，打造蒋巷综合服务片。）以服务业促进工业、以工业带动服务业，不断提高服务业在经济发展中的比重和水平，形成工业、服务业并驾齐驱的发展格局。

记者：在不断推进“产业发展强起来”的道路上，据说我们县的建筑业也取得了巨大的发展，不断由“建筑大县”向“建筑强县”转变？

刘闯：是的，在固定资产投资增速放缓的情况下，作为建筑大县，我县根据企业的发展需求和市场变化，围绕由建筑大县向建筑强县转变这条主线，强化行业和市场监管，着力提升优质高效服务，积极指导和帮助建筑企业加快资质申报工作，不断增强企业的发展实力。我县建筑业依然保持了较好的发展态势。

全县建筑业总产值从2012年的400亿元增长到2013年的580亿元，2014年完成685亿元，占全省总量的1/6，占全市总量的1/3，建筑企业从2012年的76家发展到现在的169家。全县建筑业务涵盖房建、市政、路桥、水利水电等多个领域，市场遍布全国，并逐步向美国、阿富汗、埃塞俄比亚、突尼斯、印度尼西亚等海外市场拓展，荣获全省第一家“中国建筑之乡”称号，极大地提升了我县建筑业软实力。

在全县建筑业转型升级，发展壮大的热潮中，资质等级企业明显增多，截止目前，我县拥有特级建筑施工企业 1 家，一级建筑施工企业 29 家，建筑企业数量和一级建筑企业数量双双位居全省第一。为了扶持和鼓励建筑业发展，我县结合实际，高标准服务，大力鼓励并支持建筑业“走出去”“抱团发展”，在全省率先开工建设江西建筑千亿科技产业园，以千亿建筑科技产业园为依托，助推我县由建筑大县向建筑强县的转变。

第三节 对话主题：城市建管、辐射带动强起来

记者：在发展经济，不断优化产业发展的同时，南昌县还积极响应号召致力于“城市建设管理强起来”建设，具体体现在哪些方面？

刘闯：在经济发展的同时，南昌县还着力对城市建设进行改造提升，按照“等高对接主城区、深入融入大南昌”的要求，不断提升昌南组团的建设标准和功能形象，推动南昌县从“市郊县”向“市县同体”的转变，借着“城市建设管理强起来”契机，致力于把南昌县打造成一个宜居宜业的示范城。

我们主要从两个方面着手：一方面是高标准建设。深入推进新城建设“三年强攻计划”，积极承接地铁 3 号线、南外环、昌东大道南延、赣江东岸防洪堤南延工程等路网建设．另一方面是高水平管理。按照中等城市的城市管理标准，深入推进城市管理体制机制改革，合理匹配县、乡、村三级管理职责，不断提升城市管理精细化水平。

记者：“四个强起来”要求“城市建设管理强起来”，南昌县城市建设的现状如何？

刘闯：目前南昌县的城乡建设呈现“三加强”趋势。一是旧城改造攻坚力度加强。按照“三年350万、今年140万”的征收目标，强力推进了旧城改造“三年强攻计划”，截至目前，昌宁高速等项目房屋征收任务基本完成，全县累计拆除房屋1683户，面积57.4万平方米，完成土地收储4237.4亩，为项目落户腾出了空地，为今后发展拓宽了空间。同时，总建筑面积110万平方米的14个新社区（安置房）即将交付使用。二是综合新城建设力度加强。以强力推进新城建设“三年强攻计划”为契机，全面启动总投资65亿元的56个基础设施及配套功能项目建设。澄碧湖北苑广场景观绿化提升、东莲路市民公园等3个项目顺利竣工，小蓝大道提升改造、澄湖北大道东拓、320国道改造等19个项目加快推进，振兴大道南广场、汇仁大道提升改造等34个项目正在进行前期准备工作。三是城乡环境打造力度加强。“创文保卫、治脏治乱”工作成效显著。强力开展了环境卫生、占道经营、垃圾广告、“五车”“六乱”等专项整治，清除卫生死角160余处、垃圾1150余吨、垃圾广告1万余条，查处占道经营近4000起、“六乱”违法行为近7000起，市容环境和交通秩序进一步改善。镇村联动效果突出。整合环卫所、村建所、控违办等资源组建乡镇城管所。向塘、蒋巷、黄马、幽兰等4个特色小镇以及蒋巷三洞村、向塘西洛村、黄马徐家村等8个“空心村”整治（新社区）建设稳步推进。第二批105国道沿线“五化”整治全面完成。完成造林绿化1.7万亩，集中打造了金沙大道等精品绿色通道，承办了全省“森林城乡、绿色通道”建设流动现场会。东新乡进入国家级生态乡镇行列，全县国家级生态乡镇达到6个。

记者：南昌县比邻南昌市城区，区位优势明显，在谈到城市建设管理问题的时候，会让人不自觉地把二者结合起来思考。近年来南昌县在融入南昌市城区发展方面有哪些新的举措？

刘闯：南昌县是南昌市的南大门，也是全市五大组团的重要组成部分。近年来，我们围绕“打造与南昌主城区基础设施一体化、功能定位错位化的现代化综合新城”目标，坚持依托大南昌、服务大南昌、接轨大南昌，从城市的交通、规模、品位等方面无缝对接南昌主城区，主动融入南昌大都市圈。我们的具体举措是：

一是主动对接，统一规划。我们坚持把县城总体规划、昌南组团战略性规划和昌南新城控制性详规等规划主动纳入南昌市总体规划之中，主动以主城区的标准进行规划，高薪聘请国内顶尖设计单位广东城规院高起点编制昌南组团战略规划，实现与南昌市规划接轨，推进与主城区融合发展。

二是错位发展，差异发展。我们坚持有所为，有所不为，围绕老城区、主城区、新城区各自功能的定位，依托城内大卖场、城郊大市场、城外大物流的布局，主动承接主城区内一些功能性服务配套项目的转移，规划建设一批农机、汽车销售、商贸物流、文化产业等要素市场，同时依托南昌县呈上弦月三面环抱南昌市区的地域特色，规划打造一批近郊的观光农业、都市农业，实现与主城区错位发展。

三是共建共享，同城同体。我们按照城市连片、设施共享、产业融合、交通一体、设施均等的标准，不断完善城市基础设施，提升城市管理水平，加快融入主城区步伐，实现同城同体。无论是县城“六纵十三横”路网的建设，还是城市框架的拉开；无论是镇镇通公交的实施，还是南昌市首条近郊新能源空调车公交的开通；无论是地铁三号线的规划批准，还是昌南大道等快速路网的推进，都推动着南昌县从城市的交通、规模、品位等方面与南昌主城区的无缝对接、一体发展。

四是完善功能，服务配套。我们坚持把生活配套、功能配套、产业配套作为城镇化建设的重点，全力推进恒大五星级酒店、玺悦城商业综合体、月星家居、丽晶大酒店、尚南云顶大酒店、华宇大酒店等项目建设，重点打造环澄碧湖综合商贸圈、银三角商贸休闲服务圈和东新滨江高端商贸服务圈“三大商圈”，使南昌县的配套设施日趋完善，更宜居、更宜业，实现与主城区功能互补、服务配套。

记者：随着城市的发展，南昌县将如何提升昌南组团的建设标准和功能形象，推动南昌县从“市郊县”向“市县同体”的转变，建设宜居宜业的示范城？

刘闯：伴随着南昌市创文成功，南昌县直接跨越省级创建先进县（市）、省级文明县城两个级别，入围创建全国县级文明城市的提名城市，从今年起正式向全国县级文明城市发起冲刺。这为南昌县的城市建设、城市发展带来挑战和机遇。我县将以创建全国县级文明城市为契机，按照“等高对接主城区、深入融入大南昌”的要求，不断提升昌南组团的建设标准和功能形象，推动“市郊县”向“市县同体”的转变。

一方面是高标准建设。深入推进新城建设“三年强攻计划”，积极承接地铁 3 号线、南外环、昌东大道南延、赣江东岸防洪堤南延工程等路网建设，抓紧推进昌南体育中心等公建配套设施以及雄溪河综合整治、主要节点景观改造等环境提升工程，切实提升城市品位，增强承载能力。同时，加快协同发展步伐，选择条件相对成熟蒋巷、黄马、幽兰、三江等乡镇开展特色镇、中心镇建设，不断提升其辐射能力和带动效应。

另一方面是高水平管理。按照中等城市的城市管理标准，深入推进城市管理体制机制改革，合理匹配县、乡、村三级管理职责，重点推进智能交通、数字城管、110 指挥中心“三合一”等工作，使城市管理与城市建设相同步，建设水平与管理水平相适应，不断提升城市管理精细化水平。

记者：南昌县三面环绕市区。据了解，近年来南昌县加快推进与市区的“无缝对接”，不断加大路网设施建设，同时也承接了南外环、昌东大道南延等全市重大重点项目。请问交通路网方面，南昌县有哪些大的规划？

刘闯：受历史等诸多因素影响，南昌县在与主城区路网对接方面，还存在一些薄弱环节。为加快与主城区的“无缝对接”，南昌县大力实施了新城建设“三年强攻计划”，把完善市政配套作为推进新型城镇化建设的有力支撑，以“拉开大南昌的框架、搭好大昌南的骨架”为思路，全力配合并积极推进“九纵九横”主干道路建设，加快昌南组团与市区“十纵十横”交通体系的对接步伐。所谓“九纵”是指：沿江南大道、抚生路、桃花路、金沙二路、金沙大道、迎宾大道、莲塘大道、昌东大道南延、天祥大道南延；所谓“九横”是指：昌南大道、东莲路（振兴大道）、汇仁大道、小蓝大道（澄碧湖北大道）、富山大道、南外环、迎富大道、三山大道、星城大道。

其中，如金沙大道、金沙二路、振兴大道等已竣工通车，迎富大道、昌东大道南延等正在推进。相信这些项目的全部完工后，将进一步完善昌南组团的交通功能，畅通昌南组团内各片区的对接，构筑大昌南发达的城市道路交通网络，极大地提高昌南组团的承载能力和融合水平，进一步实现与主城区的无缝对接，加速“市郊县”向“市县同体”的转变。

记者：县里主要通过什么途径来实现“辐射带动强起来”目标？

刘闯：为了早日实现“辐射带动强起来”目标，我们制定了打造城乡统筹的样板区的计划。紧紧抓住农村改革试验区等平台机遇，坚持以城带乡、城乡互动、镇村联动，通过旧城改造、发展特色农业、美化农村环境等加快推进城乡一体化进程。

具体措施包括：加大房屋征收力度，确保全年房屋征收面积不少于120万平方米，为发展腾出更多承载空间；加快350万平方米的安置房建设与分配，实现被征收户生活升级；积极引进上市企业、大型企业和龙头企业投资发展现代农业，加快新型农业经营体系建设，特别是全力整合本地品牌和市场，打造行业领军品牌；进一步加大中心村、农村新社区和新农村村点建设，纵深推进农村清洁工程全覆盖，大力实施“千万树木进千村”活动，不断改善农村环境面貌等等。与此同时，结合旧城改造和新城发展，加快建设全省金融商务区，进一步强化金融、商贸、物流、文化创意等现代服务业的辐射功能。

第四节 对话主题：作风建设强起来

记者：“四个强起来”还有至关重要的一点是“作风建设强起来”，据了解，南昌县已经将2015年确定为“党建工作责任落实年”，并在全市率先出台了一系列关于作风建设、从严治党的文件，请问这是出于什么考虑，有哪些特色做法？

刘闯：我想，县委把今年确定为“党建工作责任落实年”，主要有以下三个方面的考虑。一是上级有要求。习近平总书记提出“四个全面”的战略布局，其中有一个就是全面从严治党，党的十八大以来，党中央在全面从严治党、加强作风建设方面有一系列的规定。同时，省、市也相继出台了相关文件。二是发展有需要。南昌县要在全国找坐标、在全省立标杆、在全市当先锋，就必须使每项工作向省、市一流水平看齐，向改革开放的前沿地区看齐，使全面争创一流成为全县上下的共识和追求，奋力推动南昌县在各个领域、各个环节争创一流，真正以无数个第一支撑起“首府首县”的称谓和地位。三是现实有差距。近年来，南昌县按照上级要求部署，在全面从严治党、加强作风建设方面采取了一系列举措，取得了良好成效。同时，我们也清醒地看到，因作风建设有长期性、反复性，少数部门不作为、慢作为、乱作为等问题尚未完全解决；少数干部敢于担当的精神有所松懈，为官不为的懒政惰政情绪有所滋长，加强作风建设势在必行。

为适应全面从严治党的新常态，南昌县坚持把抓好党建作为最大的政绩，深入开展“党建工作责任落实年”，采取了一些创新举措。一是出台了《关于落实全面从严治党加强基层党建工作的若干意见》，利用 8 个月的时间在全县范围内开展严明党的政治纪律组织纪律教育实践活动，深入开展“为官不为”“为政不廉”等专项整治，建立健全作风建设长效机制。二是深入推进“连心、强基、模范”三大工程，积极开展“党员亮身份”“群众评党员”“先锋示范岗”等活动，健全落实“民情家访”、在职党员进社区等制度。三是狠抓党风廉政建设“两个责任”落实，大力开展创建廉洁机关、廉洁村社、廉洁司法、廉洁校园和廉洁医院、廉洁企业为主要内容的“六项联创”活动，始终保持惩治腐败的高压态势，严厉查处发生在群众身边的“小官大贪”“小官巨贪”“微腐败”“暗腐败”等问题，全力营造风清气正的政治生态。

记者：作风建设对咱们县的各级领导干部有什么具体的要求？

刘闯：在作风建设方面，按照从严从实的要求，持之以恒地转作风、夯基础、抓廉政，把苦干、实干、善干的精神贯穿于跨越发展的全过程，以硬作风完成硬任务；牢固树立固本强基、重视基层的鲜明导向，不断加强基层党组织建设，切实发挥基层党组织战斗堡垒作用，不断强化全县党员干部队伍的执行力、战斗力和凝聚力；始终保持反腐高压态势不松劲，通过严把制度、严肃监督、严厉惩处、严格自律，坚决防止“四风”问题反弹，使作风建设落地生根、成为新常态。

我们要进一步激活和传承红色基因，引导广大党员干部正本清源、固根守魂。要严格落实党风廉政建设“两个责任”，严明党的政治纪律，严肃党内政治生活，严厉惩处腐败分子，着力营造风清气正的政治生态。要按照“三严三实”和“四有”的要求，大力倡导实干兴赣的作风，进一步营造干实事、求实效、谋实绩的浓厚氛围。

各级领导干部要敢于担当，进一步扛起责任，各级党委（党组）要切实履行好主体责任，把党风廉政建设社会评价工作牢记在心、紧抓在手，尽早研究部署，细化分解任务，确保层层传导压力，层层督促落实；党委（党组）“一把手”要切实承担起第一责任人责任，亲自抓、抓具体，带头推进落实；党委其他班子成员要对挂点县区和分管部门社会评价工作负主要责任，及时检查督促县区和部门抓好落实，做到下真功、用狠劲、求实效。要加强宣传，进一步浓厚氛围，充分利用报刊、电视、广播、网络、短信等宣传载体，采取群众喜闻乐见、易于接受的形式，在全市上下广泛开展党风廉政建设和反腐败工作宣传教育，让群众了解开展党风廉政建设取得的成效；要不断扩大宣传范围，尤其要深入基层一线，走进街头小巷、走进田间地头、走进企业商户，扎实做好宣传发动工作，力争每一位测评对象都宣传到、走访到、沟通到。

记者：作风建设其实强调的是一种“公仆精神”？

刘闯：对。作为人民的公仆，我们要群策群力，进一步凝聚合力，各级各单位特别是各级党委、人大、政府、政协等部门既要各负其责，切实做好对口联系单位和领域的工作，也要通力合作，充分发挥各自职能优势，切实在深入推进党风廉政建设工作中积极作为，发挥应有作用。要抓常抓细，进一步体现实效，社会评价工作是一项长期任务、系统工程，功夫既要下在“评时”，更要下在平时，要对照测评指标体系，在细节上下功夫，探索有效办法，把各项要求融入日常工作之中，推动工作长效常态，争取主动权；要立说立改、真抓实改，对在社会评价过程中收集到的各类意见建议，及时建立问题台账，实行销号整改，特别是对反映强烈的损害企业发展环境、侵害群众利益的人和事，重拳出击，坚决查处。要强化督查，进一步严厉问责，各级纪检监察机关要认真履行监督执纪问责的职责，加大对各县区、各部门开展党风廉政社会评价工作情况的监督检查和执纪问责力度，对重视不够、推动不力、效果不好的地方和单位，对在全省党风廉政建设社会评价中排名全省后五位的县区党委主要领导，要进行严厉问责。

随着反腐败斗争的深入推进和中央、省、市一系列禁令的出台，对党员干部的工作要求更高、作风要求更严，以前享受的各种待遇也随之减少或取消，于是有的同志发出“为官不易”的感叹。为官不易是事实，但不能因为“为官不易”就给自己找理由“为官不为”。新形势下，更要求我们始终把“为官不易”当成一种常态意识、一种忧患意识、一种工作动力，千方百计、殚精竭虑地“为民”“尽责”；更要求我们必须增强深化改革的思想自觉，增强攻坚克难的责任担当，增强一心为民的公仆情怀，始终保持抢抓机遇的敏锐思维，始终保持昂扬向上的进取心，始终保持干事创业的精气神，心无旁骛抓发展，掷地有声抓落实，在工作岗位上履好职、尽好责，为全县经济社会跨越发展、进位赶超贡献智慧和力量。

记者：比照省委“作风建设强起来”的要求，我们还有什么不足之处？

刘闯：尽管我们做了一些工作，也取得了一定成效，但通过立足全县、比照全市、放眼全省乃至全国来审视自我、剖析自我，还存在很多问题和不足。突出表现在“五比五不够”：一是与建设一流政治生态相比，正风肃纪的“力度”还不够。“中梗阻”“下搁浅”、办事拖拉、推诿扯皮等现象还不同程度存在，惩防体系还不够健全，反腐败斗争形势依然严峻。二是与夯实党的执政基础相比，基层党建的“深度”还不够。在党建工作责任制监督落实上还有“盲点”“空白”，部分基层组织软弱涣散，党建工作品牌不响、亮点不多的现状依然没有改变。三是与弘扬社会主旋律相比，舆论宣传的“浓度”还不够。宣传主阵地的作用发挥不够，宣传手段、方式还比较单一，公民思想道德教育、法制宣传教育的力度还不大，良好社会风气还没有形成。四是与构建和谐平安昌南相比，综治维稳的“强度”还不够。侵财性案件发案率依然较高，社会治安形势没有得到根本好转，公众安全感和满意度亟待提升；矛盾纠纷源头治理力度不大，成效不明显。五是与凝聚社会各界力量相比，统一战线的“广度”还不够。统战工作宣传普及力度还不大，服务非公企业的水平还不高，民主监督的职能作用还不强。与此同时，各群团组织的工作水平还有待提高，虚功实做的方法还不够多，服务大局、服务发展的意识还不够强。

记者：怎么改善目前的状况？

刘闯：我们将坚持围绕中心、服务大局，充分发挥党群部门的桥梁纽带和服务保障作用，进一步自我加压、拉升标杆，主动担当、积极作为，确保把虚功做实，把实功做细，努力在全县经济社会发展中发挥更大作用、提供更强保障。

一方面，立足本位，力求常规工作不寻常。牢固树立“有为有位、在位谋政”的理念，坚持从大局的高度、全局的角度来思考谋划自己的本职工作，不断提高党群工作科学化水平，以党群工作率先转型为发展转型升级提供凝聚力、原动力。纪检工作将突出主责主业，严格落实“三转”要求，全面推进党风廉政建设和反腐败工作，深入开展“效能提速”行动，积极做好党风廉建设社会评价工作，为发展提供坚强的政治纪律保障；组织工作将坚持建队伍、聚人才、强基础，进一步加大干部选拔培养、轮岗交流和高层次人才引进工作力度，全面加强基层党建工作，建立健全党政领导班子和领导干部绩效考核评价体系，为发展提供组织保障和人才支撑；宣传工作将围绕唱响主旋律、凝聚正能量，积极创新宣传手段，丰富宣传内容，加大宣传力度，进一步弘扬新风正气、抵制歪风邪气，为发展营造良好的舆论环境。政法工作将以建设平安昌南为目标，深入推进社会治安“净化行动”，严厉打击和防范各类违法犯罪，积极开展矛盾纠纷排查化解，不断提升公众安全感和满意度，为发展营造和谐稳定的环境；统战工作将充分发挥智力密集、联系广泛、渠道畅通的独特优势，切实做好政治协商、民主监督、参政议政等各项工作，最广泛、最充分地调动一切积极因素，团结一切可以团结的力量，为发展聚才聚智聚力。

另一方面，提高站位，力求中心工作更突出。党群部门虽然不是经济建设的主力军，但我们将进一步发挥好“护航人”的作用，主动进入、积极融入全县经济建设的主战场，真正做到发展的重点难点在哪里，党群工作服务的着力点就聚焦到哪里。一是当好教育实践活动的组织者、实践者。按照中央及省、市的统一部署，全面启动整改落实、建章立制环节工作，以求真的态度、务实的精神，全力抓好“四风”突出问题的整改工作，切实解决一批社会关注度高、群众反映强烈的突出问题，推动全县各级各单位进一步改进工作作风、提升服务水平、密切联系群众。同时，立足自身职能，率先组织开展文山会海、部门机关“推诿扯皮”、乡村干部“脱离群众”、矛盾积案化解等系列专项整治行动，确保取得上级认可、群众满意的成效。二是当好三年强攻计划的参与者、服务者。在确保全面完成县委、县政府下达的房屋征收任务的基础上，充分发挥各自职能作用，全力服务好、保障好三年强攻计划的实施，决不袖手旁观当“看客”。全力聚焦招商引资、项目推进、房屋征收等全县重点中心工作，纪委部门将加大跟踪问效、督查问责力度，提供坚强的纪律保障；组织部门将始终坚持正确用人导向，注重从“四个一线”培养、锻炼甚至提拔使用干部，进一步激发干部干事创业的激情；宣传部门将切实加大先进典型的选树力度，努力形成创先争优、比学赶超的浓厚氛围；政法部门将铁手重拳、严厉打击阻工扰工、强买强卖、强揽工程等违法犯罪行为，积极营造和谐安定的发展环境；统战部门将充分依托自身优势，广泛宣传推介我县取得各项成果，进一步为发展凝聚人心、汇聚力量。

与此同时，我们将牢固树立做一等工作、创一流业绩的理念，始终坚持勇创佳绩、争创一流的目标追求，全面推进党群部门各项工作的赶超进位，切实以党群工作的无数个第一来支撑构建核心增长极的重要战略支点。

记者：除了自我加压、拉升标杆增强保障之外，您觉得还有哪些途径能帮助我们更好地实现“作风建设强起来”的目标？

刘闯：主要可以从5个方面来实现这一目标。第一，正风肃纪优环境。紧扣争当建设廉洁南昌排头兵的目标，坚持把落实中央八项规定、狠抓作风建设、严肃党的纪律作为履行监督责任的重点任务，积极推进“三转”工作，探索落实“两个责任”的方法和途径，进一步推动了全县党风廉政建设和反腐败斗争取得新成效。坚持动真碰硬，以解决突出问题为导向，扎实开展“效能提速”行动，对违反八项规定和工作纪律的典型问题指名道姓予以通报。坚持惩防并举，以零容忍态度始终保持反腐败的高压态势，制定出台《厉行节约反对浪费实施细则》《党风廉政建设工作约谈制度》等规范文件，制作警示教育片《贪欲之害》，严肃查办一批违纪违法案件，进一步营造风清气正的良好政治生态。

第二，实践活动强基础。按照中央及省、市、县的统一部署和要求，积极组织开展了全县第二批教育实践活动，并充分发挥牵头抓总、统筹协调、督促指导等职能作用，有效确保了整个活动不空、不偏、不虚、不走样。在做实规定动作的同时，创新开展了“正风提效、春风惠民、堡垒强化、典型引路”四大专项行动，受到了中央活动办的肯定和省市媒体的广泛报道。与此同时，切实加强干部队伍和人才队伍建设，今年以来共调整、提拔、交流干部143名，培训农村实用人才281人，招录公务员50名，其中具有研究生学历的30人，研究生人数和占比均创历史新高。扎实开展了超职数配备干部专项整治自查工作，并代表南昌市接受了中组部的督导检查，得到了中组部督导组的充分肯定。强力推进了“连心、强基、模范”三大工程，对29个软弱涣散基层党组织进行了集中帮扶整顿，配齐配强了党组织书记，进一步夯实了基层基础。

第三，弘扬正气聚能量。围绕弘扬时代主旋律、传递社会正能量，充分发挥舆论宣传主阵地作用，坚持对内鼓士气、对外树形象，扎实开展舆论引导、对外宣传、平台打造等工作，进一步为经济社会发展营造了良好的舆论氛围。深入开展精神文明创建活动，着力选树了退休老党员陶玉英、金牌司法调解员潘云辉、致富带头人刘伟平等一批先进典型，其中陶玉英等2人成功进入中国文明网“身边好人”票选阶段；潘云辉受到人民日报人物专访报道。广泛开展群众性文化活动，进一步丰富群众精神文化生活。扎实推进宣传阵地建设，在全省率先完成手机报升级，在全市率先开通微信公共平台，县电视台改版工作正在加快推动。

第四，维护稳定保民安。深入推进平安昌南建设，广泛开展社会治安“净化行动”和防范打击“两抢一盗”“黄赌毒”等系列专项整治行动，创新推进了以“治安防范进楼盘”“法制宣传进楼盘”“矛盾化解进楼盘”等“六进”为主要内容的“综治进楼盘”活动，得到了中央及省、市综治办的充分肯定，并作为典型作法被省综合治办推荐为全国综治亮点。坚持以服务经济发展为中心，积极组织开展了“法官联企”“检察官联企”活动以及经济领域违法犯罪行为专项打击行动，上半年涉企犯罪案件共立案8件，审结6件，为企业挽回经济损失2300余万元。深入开展矛盾纠纷排查化解工作，健全完善了人民调解、行政调解、司法调解“三调联动”机制，将县医调、交调中心升级打造成县级综合性矛盾纠纷调处平台，成立了6个乡镇矛盾纠纷调处中心，今年以来共调处各类矛盾598起，调处成功率达95.8%，上半年赴京访人次、赴省访批次和人次同比下降66%、51.7%和33.6%，非正常死亡人数同比下降13.4%，全县社会大局继续保持和谐稳定。

第五，携手同心促团结。充分发挥统一战线联系广泛的资源优势，积极争取到大浦李江山侨心小学和水阁万文辉侨心小学两个侨心项目，侨心项目争取总量继续保持全省第一。围绕强化特约工作民主监督职能，在全省率先建立了县级特约人员履职情况考核办法，通过计分评比、量化考核的方式，充分调动了特约人员开展监督工作的积极性，为促进全县政风行风建设奠定了良好基础。深入推进“同心惠民”工程，积极组织各民主党派和无党派人士先后开展了捐款、行医、送技等系列活动，进一步扩大统战工作的社会影响力。

第六章　勇当发展升级“排头兵”

第一节　对话主题：百强进位之改革篇

记者：在今年第十五届全国县域经济基本竞争力百强县排名名单上，南昌县一举前移11位，跃居第41位。不仅展现了南昌县进位赶超的“加速度”，更掀开了冲刺全国四十强的新篇章。您觉得南昌县取得这些成绩的最根本原因是什么？

刘闯：在雪线冲刺、百舸争流的激烈竞争中，南昌县没有停滞徘徊或小步前行，反而焕发出进位的加速度，这得益于对省委“发展升级、小康提速、绿色崛起、实干兴赣”十六字方针的积极贯彻，得益于全省经济“领头羊”示范引领的奋勇担当，得益于百万人民敢闯敢试的坚定决心。得益于大家一起实干苦干、改革创新、回馈民力，用真功夫下好这“三盘棋”，走出了适合自身发展的新路。

记者：在经济“新常态”下如何谋求县域经济发展升级？南昌县有哪些值得大家学习和借鉴的经验？

刘闯：县域经济是区域发展的基石，是江西崛起的筋骨。在我省加快发展升级的大潮中，如何在经济“新常态”下探索强县富民新路径，是各地面临的重大课题。我们梳理一下，南昌县赶超发展之路启示有三：

第一，通过实干苦干提升发展潜力。96，88，86，82，75，67，52，41……从数字角度分析，越到近四年，在全国经济整体下行的大环境下，南昌县百强进位的步伐却越迈越大，越迈越坚定，原因何在？很重要的一条就是南昌县秉持科学发展观实干苦干，南昌县牢牢扭住产业发展这个“牛鼻子”，提出“不要有水分的增长”，不断扩量提质优化产业结构，不断招大引强推进产业集群，大企业、大项目纷至沓来，财政收入增长实实在在，发展潜力凸显，主要经济指标增幅得以保持高于全省、全市平均水平。南昌县的赶超之路表明，实干苦干才有竞争力，实干苦干才能谋长远，一个地方经济社会发展关键在实干苦干。

第二，通过改革创新激发发展活力。纵观近年来南昌县的发展轨迹，解放思想的因子一直很活跃，改革创新的步伐从未间断。5 张国家级改革试点名片，多个省级改革试点名片，十大举措推进全面深化改革，取消乡镇经济指标考核，全省率先出台招商引资项目落户专家评审机制，城市管理制度改革……一系列的改革举措，南昌县的改革创新走在全省县域前列。一个地方谋求赶超发展离不开改革创新，只有不断通过改革创新扫除束缚发展的体制机制障碍，才能激发发展活力，为赶超发展蓄积能量。

第三，通过回馈民力催生发展动力。“发展不能停留在数字上，只有让群众感受到了，才算是落了地，群众满意是最大的发展基础。”近年来南昌县始终坚持让利于民，惠及民生，不断提升群众幸福指数，进而激发全县百姓实干苦干的决心和源源不绝的动力。南昌县的做法告诉我们，县域经济赶超发展需要依靠群众，发展成果最大程度地回馈于民，更能凝聚全县百姓的力量进一步推动发展。

记者：是什么催动着南昌县在发展中高歌猛进，创造出“首屈一指”的经济实力和社会竞争力？

刘闯：“以问题倒逼”的改革创新，是南昌县持续、稳健、健康发展的“秘诀”。从政府角度来说，我们主要通过自我转型和角色的转变来提升政府的“服务力”，通俗点说就是我们要从“市场指挥”变为“经济保姆”。

我们南昌县拥有“国家现代农业改革与建设试点县”“全国农村改革试验区”“全国政务公开政务服务试点县”等5张国家级改革试点名片，十分注重在城乡一体化改革、社会事业改革、城市管理体制改革等十个重点领域先行先试、率先突破，同时立足长远、敢作敢为。这是我们南昌县先试先行的优势，也是“首府首县”担当全省县域“探路者”和“领头羊”的责任。

记者：从“市场指挥”变为“经济保姆”，很形象的说法啊，主要是从哪些方面来实现这一理念？

刘闯：第一，简政放权做“减法”。南昌县强力推进审批事项、审批程序和审批条件精简工作，今年以来县本级精简审批事项41项，精简率36%；开通了“重大项目绿色服务通道”“中小微企业绿色通道”“便民服务通道”，园区全程提供无偿代办、全程帮办服务，提升行政审批效率；对所有进驻事项实行“一窗受理、抄告相关、并联审批、限时办结”的审批机制，着力构建县、乡、村三级“一站式”服务平台，打通政务服务“最后一公里”。

第二，排忧解难做“加法”。南昌县搭建公共服务平台，成立园区企业服务受理中心，依托电子政务信息平台，为企业提供全程免费代办或帮办服务；创新企业融资平台，小蓝经开区成为“财园信贷通”全省首批试点工业园区，推出了“金园宝”、助保贷、厂房贷等多种新型金融产品，破解企业融资瓶颈。特别是今年，结合党的群众路线教育实践活动，通过企业座谈会、银企对接会、百名干部下企业等形式，召集国土、交通、林业、环保、供电等职能部门开展“会诊”式服务，现场了解问题，现场落实方案，切实帮助企业解决困难。据悉，该县今年共为园区企业融资3.01亿元，解决企业反映的土地、用工、交通、水电、绿化等问题300余件次。

第三，解放思想做“除法”。不顾未来的发展，我们不要，唯数字的发展，我们更不能要。我们一直追求的是实实在在没有水分、保护资源长远布局的可持续发展。正是在这一思想的指引下，南昌县才能立足长远，扫除思想障碍，清除不符合科学发展的产业项目，解除制约长远发展的体制机制束缚。

第四，平台效应做“乘法”。南昌县争创产业升级平台，成功获批筹建“全国轻型柴油车产业知名品牌创建示范区”，为汽车零部件企业做大做强带来了新的机遇；培育企业发展平台，建设汽车零部件产业园、地理信息产业园、电子科技信息产业园等特色园区，促进企业集群式发展，带动产业效应成倍增长。

在县域经济发展的新阶段，政府管理不能泛泛而谈，必须适应经济和社会双转型的要求，大力革新政府的管理制度，有所为有所不为，只有这样才能真正让政府“有形之手”与市场“无形之手”有效结合，让政府成为服务经济发展的“好保姆”。

记者：据说南昌县以考核之变带来乡镇内生动力之变，极大地激发了乡镇发展动力和活力？

刘闯：是的，从“一刀切”到“差异化”，我们现在主要通过多元考核来释放乡镇的“内生动力”。2013年，南昌县积极响应省委十三届七次全会的号召，全面取消乡镇经济指标考核，强化乡镇在公共服务、群众服务和营造发展环境等方面的考核力度。一时间，乡镇基层干部议论纷纷，叫好者有之，担心者有之。实践证明，差异化考核不仅没有影响经济的发展，反而催生了巨大的发展动力。

记者：取消乡镇经济指标考核，经济靠什么支撑？

刘闯：让专业的人做专业事，把经济发展的任务更多地交由工业园区来承担。承担主要经济发展任务的小蓝经开区，也因此成为县域经济改革发展的核心区。改革管理体制，实行政企分开、政事分开，组建南昌小蓝开发总公司、企业服务中心；改革人事制度，全员聘用、竞职竞岗，任聘分离、双轨运行，促进人才流动；改革薪酬分配，以岗定薪、按绩取酬，建立健全科学分配机制和激励机制……大刀阔斧的改革，让小蓝经开区释放出新的活力。

记者：取消乡镇经济指标考核，大家的责任感会不会稍微变弱？

刘闯：不会的，取消乡镇经济指标考核，不考核经济，不代表大家的责任和压力会同步消失。我们以“松绑不松劲、减压不减责”为原则，对乡镇进行分类分组，科学设置差异化考核指标，引导乡镇错位发展、分类发展。对农业类乡镇重点考核农业产业结构调整、农民合作社、农民增收等工作；对城关镇、工业商贸类乡镇重点考核房屋征收和土地收储、发展环境等工作上。

此外，南昌县加强对乡镇的公共服务、社会事业、和谐稳定、群众满意度等四项基础考核，引入群众测评、社会评价机制，不断增强乡镇服务群众、创新社会管理的主动性。与此同时，南昌县进一步激励乡镇增加发展意识，鼓励乡镇招商引资引企进园区，对引进企业所产生的税收按一定比例分成、奖励给乡镇，确保乡镇不因弱化经济职能而忽视发展。

记者：从唯数字论到分类考核，以考核之变带动乡镇内生动力之变，极大地激发乡镇发展动力和活力外，我们还有哪些比较好的方式可以有效增强县里的发展实力？

刘闯：我们的管理从“简单粗放”到“科学长效”转型，通过以城管革新来增强发展的“软实力”。与其他改革事项相比，城市管理制度改革看似“微不足道”，甚至被许多县域所忽视。然而，对百姓而言，城市管理改革直接关系到生活质量的提升；对投资者而言，城市生活的质量关系着投资效益的长远增值。发展为百姓，依靠百姓促发展。城市管理体制机制改革是实现县域可持续发展所必须破解的难题。

记者：如何破解这一难题？

刘闯：跳出过去粗放式管理思维，构建科学、高效、精细化城市管理体系。第一，以构建“大城管”城市管理体系为目标，积极推进城管局内部科室改革、组建县城管委、更名组建县城管局、组建县城管综合执法大队，使得城市管理各项工作分工更加科学、细化。第二，启动行政处罚权相对集中改革工作，按照“7+1”的模式，对城管、城建、林业、交管、环保、工商、水务和房管等部门的行政处罚权相对集中进行梳理、调研，开展集中改革工作。第三，开展城市管理目标考核制度改革试点工作，以莲塘综合执法大队为试点单位，重点从综合考勤、队容风纪、文明执法、作风建设、队员互评、综合管理等六个方面，进一步探索建立科学管用的绩效考核机制。第四，投入1200万元启动“数字城市”建设工作。目前，数据普查和平台软件建设已完成招投标工作，正在启动数字城管监督指挥中心建设、平台硬件采购、技术人员招聘等工作。第五，创新推进城市管理维护“三合一”工作。按照监督、指挥与执行相分离的原则，先期将在县城控规区的主次干道上，实施环卫保洁、下水道清淘、园林管护三项工作由一个部门承担的管理模式，进一步推动管养作业分离。第六，建立长效机制，改变“突击式”“运动式”城管模式。南昌县制定出台《南昌县深化城市管理体制改革和机制创新的实施意见（试行）》，并进一步建立健全城市管理系列制度，针对城市管理“顽疾”分类、分重点建立长效解决办法，改变整改“一阵风”式的做法，使城市管理更加有序。

在经济新常态下，地方经济要发展，尤须敢于吃螃蟹、涉险滩、破藩篱。以改革促转型，以创新促发展，南昌县小心求证、大胆探索，为全省县域经济发展积极探索着改革新路径。

第二节　对话主题：百强进位之产业篇

记者：面对经济新常态，南昌县乘势而上，自我加压，主动跳出“首府首县”的光环，把自身的发展放到全国的坐标系中去定位、去比拼，致力于产业发展建设，取得了喜人的成绩，您能为我们详细介绍一下相关情况吗？

刘闯：南昌县一直致力于产业升级不动摇，牢牢扭住产业发展这个“牛鼻子”，按照“稳中求进、好中求快”的要求，通过一区三园拓平台，扩量提质优产业，招优引强抓项目等几个方面，争当全省发展升级“排头兵”，县域经济发展演绎出进位赶超的“加速度”。

大家都知道，工业经济是县域经济跨越发展的重要基石，而发展工业的主平台和主战场就是工业园区。南昌县抓住大中型企业退城近郊的机遇，在一片沙丘、荒滩上建立了小蓝经济开发区，2006 年 3 月成为省级开发区，2012 年 7 月升格为国家级经济技术开发区。如今，小蓝经济开发区以全县 1% 的国土面积，实现了全县 40% 以上的税收。

但南昌县并没有就此止步，我们很清楚，要在全省发展升级中领先领跑，仅靠一个小蓝经济开发区是远远不够的。只有充分借助区位优势，打造多个与小蓝经开区和省会城市南昌配套的工业集中区，带动相关产业的发展壮大，南昌县的发展才能更加稳定快速。

为此，县里确立了“一区带多园、园区带全县”的发展思路。以小蓝经开区和向塘物流园、武阳中小企业创业园、南新滨江工业集中园为主战场，将更多工业、招商引资等经济发展的压力向工业园区传导，通过理顺管理机制，加大基础设施投入，进一步筑牢产业发展平台。

2014 年开始，小蓝经开区已经全面启动新一轮总体规划编制工作，优化汽车及零部件、食品饮料、生物医药等三大主导产业布局。实施土地增效工程，制定工业用地标准化制度，试行“零地”技改，推动增资扩股，嫁接优质项目，实现存量再造，确保小蓝经开区 2015 年主营业务收入突破 1000 亿元。

武阳中小企业创业园和南新滨江工业集中园按照产业化整体推进模式，围绕小蓝经开区形成的支柱产业配套引进相关企业，完善产业链。如今，“一区三园”已成为引领南昌县工业发展、产业升级和经济转型跨越发展的主要平台。目前“一区三园”已初步梳理出今年推进的工业项目 130 个，总投资额约 277 亿元，其中新建项目 74 个，续建项目 50 个，增资扩产项目 6 个。

记者：大家说起南昌县的经济发展，尤其是工业发展的时候，都一定会提到“小蓝经开区”的引领效应，您能为我们介绍一下它是如何为打造核心增长极做贡献的吗？

刘闯：小蓝经开区主要从四个方面展示它的引领效应。第一，以招商引资为引爆点，不断增强发展后劲。一方面，在招引项目上有突破。通过以产业招商、资本招商和以商招商为突破口，拓宽招商领域，组织招商小分队分赴香港、北京、广东、福建等发达地区进行考察招商，参加大型商务活动 18 批次。另一方面，在主导产业上有进步。开发区三大主导产业愈加壮大，特别是汽车及零部件产业发展迅速，已集聚落户企业 151 家，其中投产 75 家，在建 27 家，形成了 50 万辆整车和 42 万台发动机的产能布局。

第二，以规范管理为着力点，不断加速项目建设。一是健全完善推进机制。建立了良好的县区联动机制，将项目推进作为开发区工作的重中之重，专门成立了重点项目推进办公室。并针对今明两年续建、新建的 93 个重大重点项目，分片区成立项目推进指挥部，采取“一线驻点、挂图作战、层级负责”的推进模式，明确责任、明确节点，进行一线指挥、高频调度，做到了工作跟着项目走、服务跟着企业走、干部都在工地走。开发区 60% 左右的干部在工地上跑，班子成员全部到工地现场调度。对重大项目进行每天 24 小时、每周 7 个工作日，全天候、全方位、全过程的服务。二是加强跟踪督查问效。成立了专门的效能督查组，建立完善项目考核台账，对在建项目实行日检查、周通报、月考核，全区上下形成了人人抓项目、处处推项目的强大合力。三是企业质量逐步提高。1-6 月份，全区新增 1 家工业产值超 20 亿元的企业，即：煌上煌集团 27.5 亿元；超 10 亿元的企业有 2 家，分别是汇仁集团 17.4 亿元、江铃控股 13.2 亿元；亿元以上有 71 家（不重复计算），比去年同期新增 3 家；规上企业达到 156 家，比去年同期新增 7 家；上缴税收 100 万元以上的企业达到 108 家。

第三，以完善设施为关键点，不断提升功能配套。坚持新建与改造相结合，加快完善基础设施和配套服务体系，提高承载功能。一是规划设计先行。加快推进园区规划调整工作，编制完成了小蓝经开区空间概念性规划，启动了汽车零部件产业园二期修建性详细规划编制工作。二是基础设施加速。通过县区协作、共同发力，全力推进了路网、绿化、公建配套、供电供水、入口节点标识标牌等 11 个方面的基础设施和环境提升项目建设。三是服务保障跟进。强力推进房屋征收工作，全面保障园区重大重点项目建设。同时，奋力做好用地平整工作，上半年，共完成 S 地块、特种车辆厂、汽车产业园二期等项目的填土平整近 30 万立方米，为项目的顺利开工打下了坚实基础。

第四，以优化平台为突破点，不断提高服务水平。为充分体现国家级开发区应有的服务水平，开发区不断提升优化企业服务平台，为企业提供更直接、更有效的服务。一是优化公共服务平台。区企业服务受理中心以“整合、共享、创新、服务”为主线，进一步完善和延伸政务平台功能，政务信息化水平处于全省开发区前列；并与清华大学团委建立合作共建关系，组织清华大学赣协会与企业进行交流合作活动，在更大范围、更高层面为企业提供人脉网络、信息渠道、宣传窗口、知名度以及商机；先后 2 次召开政银企合作对接会，促进建行、中行、北京银行等多家银行与开发区的企业进行合作对接，帮助 48 家企业获得银行贷款约 1.8 亿元；积极与省市部门对接科技入园工作，为 9 家企业争取了 1980 万元科技扶持资金；举办用工专场招聘会 15 场次，“送岗下乡”活动 18 场次，为企业解决急需用工近千人。二是搭建产业升级平台。筹备设立的“全国轻型柴油车产业知名品牌创建示范区”进展顺利，现已完成筹建规划制作；汽车及零部件产业集群被认定为全省唯一的省级汽车及零部件工业示范产业集群；同时，汽车及零部件产业集群、医药产业集群被认定为全省工业重点产业集群，这也将为开发区的三大主导产业快速发展带来新的机遇。三是建设企业培育平台。加快开发建设主题式“园中园”，形成集聚效应。汽车零部件产业园一期总投资 12.4 亿元的 16 家企业今年将陆续投产，投产后将实现年产值 20.8 亿元，年税收超过 7800 万元；汽车零部件产业园二期、地理信息产业园也正在紧张推进中。与此同时，抓住国家、省市大力发展电子商务的契机，加大服务、对接力度，努力培育电商企业。上半年，开发区电子商务交易额实现20亿元，交易额超1000万元以上的规模企业达到13家。其中，南昌宝江交易总额8亿元、江铃进出口交易总额4亿元、丰维和创交易总额2亿元，预计全年电子商务交易额将突破40亿元。

记者：南昌县是怎么扩量提质优化产业结构，实现从“简单集聚”到“打造集群”的？

刘闯：园区的升级意味着发展起点的提高，而发展起点的提高正是为了产业的转型升级。延伸产业链、打造产业集群、提升产业效益……南昌县从工业、农业、服务业三方面入手，以“扩量提质”为主线，克服短期的“阵痛”，以“舍得”精神扔掉与发展定位和要求不符的瓶瓶罐罐，吹响了产业升级的“集结号”。

工业方面，从“捡到篮子里都是菜”到培育特色产业，打造产业集群，形成特色园区；从全面清理关停58家无证砖瓦厂，坚决清退年纳税千万元污染化工企业，到吸引江铃股份30万辆整车、江铃控股15万辆整车、集成电路产业等高效和新兴的高科技企业落户。通过采取“清出去”和“请进来”相结合方式，勇做“归纳法”和“演绎法”，南昌县产业结构转型升级的步伐不断加快。

围绕打造“千亿汽车产业、五百亿食品和生物医药产业集群目标，大力实施工业“三年强攻计划”，南昌县按照“整车带动零部件，零部件促进整车竞争力提高”的发展思路，把产业配套缺失项目作为招商主攻方向，有针对性、有选择性、有目标性地开展“补位招商”，共同引进了一大批龙头企业和与之关联度高、配套性强的企业，不断延伸产业链，推进集群发展。

目前，汽车零部件被认定为全省示范产业集群，集聚了6家整车和145家零部件企业，形成了50万辆整车和42万台发动机的产能布局。

“江西汽车看南昌，南昌汽车在小蓝。”如今，一座具有强烈辐射效应的中部汽车城正呼之欲出，小蓝汽车梦已逐渐照进现实。而77家食品饮料企业的集聚，使得“江西省食品饮料产业基地”这块金字招牌也越擦越亮。

工业的集群集聚还体现在项目的高位推进中。南昌县将“成片征地、成片开发、成片配套、成片建设”作为一种趋势、一种态势、一种常势，狠抓项目落实。去年以来，落户开发区总投资116亿元的46个工业项目中，41个项目完成注册，32个项目开工建设，开工率达70%；15个项目竣工投产，投产率为32%。

记者：南昌县作为工业强县的同时也是有名的农业大县，县里在大力发展工业的同时是怎么合理处理农业问题的？

刘闯：农业方面，南昌县始终坚持重工不轻农，深入推进现代农业“接二连三工程”，推动农业发展转型升级。主要通过以下三个手段来实现：

抓产业创特色。该县充分利用区位优势，大力发展现代都市休闲农业，推动农业开发从单一型到综合型跨越发展。水稻种植加工、水禽、饲料、兽药等4大产业入选全省农业重点产业集群。

育主体促转型。该县围绕培育家庭农场、农民合作社、龙头企业等新型农业经营主体，加大政策支持力度，着力完善集约化、专业化、组织化、社会化相结合的新型农业经营体系。同时以市场为导向创新农产品流通方式，探索建立高效率、低成本、安全通畅的农产品产销对接模式。2013年，全县农产品加工业总产值实现350亿元，是农业总产值的4.5倍，农产品商品化率达77.1%。

夯基础强保障。近两年来，县里整合涉农资金20多亿元，整体推进高标准农田等农业基础设施建设，还在全省率先启动水稻种植等系列商业性保险，进一步健全农业风险防范机制。

记者：服务业在产业发展中表现怎么样？

刘闯：服务业方面，县里围绕“城市空间大拓展、路网大连通、功能大配套、景观大提升”的目标，深入推进“产城融合”，大力实施服务业“三年强攻计划”，掀起了服务业大投入、大建设、大发展的高潮。

商贸业“井喷发展”。全县新增商业面积50万平方米，超过已建成商业面积总和。新洪城大市场全面开工建设，华润万家、沃尔玛相继开张营业，法国欧尚、天虹商场等即将开业。该县还抢抓机遇，积极发展电子商务这一新兴服务业态，做活“吆喝”经济，促进企业转型。目前，南昌县电商企业已发展至30家，上半年年电子商务交易额突破28亿元，是去年同期的近4倍，预计全年电子商务交易额将突破60亿元。

金融业“高端拓展”。目前，该县银行类金融机构倍增至20家，成为全省银行业金融机构数量最多的县域，超过省内9个设区市。与此同时，该县还在全省县区率先设立6亿元创投基金，在省市的支持下设立了首期规模达30亿元的集成电路产业发展基金，飞尚科技等3家企业引进风投、股权投资基金，科得玻璃钢等4家企业签约“新三板”，金融业逐步向高端拓展。

物流业“蓄势待发”。伴随着中国十大物流公司——招商局物流，世界500强企业——平安集团投资建设的平安物流等相继落户，一个以向塘铁路公路枢纽型物流基地为龙头，以用地集约、产业集聚和功能集成为特征的昌南物流基地正悄然兴起。

记者：南昌县在项目建设上一直有自己的一套，现在也从“招商引资”成功升级为“招商选资”了。您为我们详细介绍一下其中的成功经验吧。

刘闯：要实现产业发展，项目是基础。南昌县紧紧把握跨越发展的战略抉择，注重项目质量，摒弃只要数字不计效益的“发展”，算全局帐、长远账，科学设置项目落户的标准化体系，在全省率先出台了招商引资项目落户专家评审机制，洽谈意向项目淘汰率近65%，从源头上提升了招商引资的质量，注入了发展升级的不竭动力。

我们招商引资项目评审分为产业政策评估、投资方实力评估、项目质量评估、经济效益评估、项目技术先进性及竞争力评估、项目规划评估、环境影响评估、社会稳定风险评估等八个方面内容。围绕项目是否符合国家、省、市产业政策，企业投资意图是否真实，是否符合安全生产、环境保护、节能减排要求等方面进行严格评审，并设定了较高的门槛。评审的专家都是省、市在该项目领域的资深和权威人士。

在“招商选资”机制的引导下，世界500强江森自控、全国医药知名企业济民可信、食品饮料“大鳄”加多宝等重大项目相继落户。在国务院发布《集成电路产业发展推进纲要》之前，南昌县已经超前思索，提前行动，与央企中建投资本合作，设立规模达30亿元的集成电路产业基金，并规划在小蓝经开区打造集成电路产业科技园，力争10年产值突破千亿元。

记者：从“招商引资”到“招商选资”需要很大的魄力，县里有没有因此错过一些好项目？

刘闯：招商选资、抬高门槛，也使得南昌县与一些企业失之交臂，尽管当时心里有些难过，但我们不后悔，我们相信一个追求质量、讲究效益的工业园区才更有吸引力。我们的这份自信在发展中得到了印证：近三年，该县共引进亿元以上项目97个，其中单体投资10亿元以上项目 16 个，新增规上企业 60 家，年均竣工工业项目超 30 个，年均新增工业厂房面积近百万平方米，工业用电量持续稳居全省前列，增幅始终保持在两位数水平。

第三节 对话主题：百强进位之民生篇

记者： 经济蛋糕越做越大，如何分好蛋糕是个很重要的问题。南昌县在民生投入上，从 2011 年的 10 亿元到 2015 年的 37.6 亿元，达到成倍的增长，您是怎么看待这一增速的？

刘闯： 财政资金应该取之于民、用之于民。南昌县坚持把新增财力向困难群众、向农村、向基层、向社会事业薄弱环节倾斜，2011 年全县民生工程投入 10 亿元，2012 年达 17 亿元，2013 年达 24 亿元，2014 年达 30.3 亿元，2015 年达 37.6 亿元，资金投入年均净增 6 亿元以上。民生资金逐年增加，民生工程的覆盖范围越来越广，组织实施越来越实，受益群众越来越多。

南昌县坚持将新增财力的大头用于改善民生，按照“百姓点菜、政府买单”的原则，积极回应群众“碎片化、多样化”的民生需求，突出解决人民群众最关心、最直接、最现实的利益问题，今年共筹集财政性资金约 37.6 亿元，着重围绕就业创业、社会保险、社会救助等八个方面，集中办好涉及群众切身利益的 55 件实事，力保民生福祉普惠于民。

民生事业需从政策导向上加以引导、推动。2013 年，南昌县全面取消对乡镇经济发展数据的考核，通过“方向标”的明细推动民生发展，将农民增收作为乡镇考核重要指标。引导乡镇在公共服务、群众服务和营造发展环境上寻求创新和突破。没有了太多“数字指标”压力，乡镇干部有更多的时间用在帮助农民增收致富上，用在帮助农民解决困难问题上。

为确保民生资金真正用之于民、惠及于民，南昌县不断健全推进机制，实行民生事项进展“月月报”，扎实有效推动民生工程实施。南昌县还不断强化各方监督，积极组织“两代表一委员”和老干部视察项目推进情况，主动邀请农村“两老人员”参与全县重大重点项目建设管理，并在县政府门户网站开设重大重点项目专栏，在人流量集中的澄碧湖文化广场通过LED屏和县委权力公开运行专栏，定期公开实施项目，提高群众的知晓度和参与度。

同时，南昌县通过健全督查机制，加强对民生工程督查管理。今年5月至10月，南昌县在对2012年至2013年扶贫移民资金和社会救助资金全面自查的基础上，重点检查城乡医疗救助、城乡最低生活保障、五保户供养、孤儿基本生活保障、整村推进扶贫、扶贫移民搬迁和特困片区扶贫产业化资金的管理使用情况，对群众反映强烈、案件线索清楚的将追溯至以前年度，实现财政资金真正取之于民、用之于民。

记者：南昌县是如何探索民生领域改革方向，破解城乡二元结构难题的？

刘闯：作为全国18个农村改革试验区之一，近年来，南昌县始终以加速城乡一体化制度改革为突破口，破解城乡二元结构难题。

为让失地农民“老有所养”，南昌县在全省率先启动失地农民养老保险，在实现城乡居民社会养老保险全覆盖的基础上，南昌县先期投入12亿元，按城镇职工标准，为6.2万失地农民办理养老保险，参保的退休农民可享受月均1200元的养老金。

为有效解决失地农民的长远生计问题，南昌县长期免费开展失地农民就业培训和援助，对自主创业对象每户给予最高9000元的创业补贴，对在单位就业的对象给予最长三年的岗位补贴和社保补贴，让失地农民有就业能创业，增加工资性收入。

为有效改善农民生活环境，今年起南昌县每年拿出4000多万元实行农村清洁工程。设立3085个农村清洁点，完善基础环卫设施和聘请保洁人员，成立村民理事会，推行长效管理，实现全县农村垃圾处理全覆盖。

记者：南昌县在农村医疗卫生和农村教育方面情况怎么样，有没有专门的政策倾向？

刘闯：医疗卫生方面，南昌县依托全国311个、全省13个县级公立医院综合改革试点县之一的平台，深入推进县级公立医院综合改革，实行药品零差价销售，将医院补偿改为服务收费和财政补助。在全省率先推行村卫生室实施国家基本药物制度，所有药品实行零差价销售。实行以来，累计为群众减轻药品费用负担5000余万元。

教育领域综合改革则突出公益性和普惠性，促进教育均衡发展。先行投入2.7亿元，启动乡镇中心校建设，让广大的农村孩子享受到与城市孩子一样优质的教育资源，第一批8所中心校已竣工开学。在全省率先建设学校心理咨询室和留守儿童关爱之家、集善之家、青少年关爱中心“三个之家”；全省率先开展城乡校长教师交流轮岗。

此外，南昌县还率全省之先每年投入1500多万元解决农业生产的灌溉、排涝水电费，帮助农民节约生产成本，促进农民增收；启动了“城乡公交一体化”工程，开通了74条公交班线，在全省率先实现了所有乡镇公交线路的全覆盖。

记者：据说南昌县新型城镇化建设也颇具特点？您能为我们详细介绍一下吗？

刘闯：南昌县按照“依托大南昌、对接大南昌、融入大南昌”的思路，跳出县域思维，正实施以旧城改造、新城建设“三年强攻”计划为抓手的新型城镇化建设，不断拓宽服务民生的空间。

旧城改造过程中，南昌县在依法依规、维护公平正义的前提下，始终坚守集体土地上房屋征收人均40平方米的补偿政策，克服周边县区政策溢出效应的影响，以现行担当之难换取可持续之路。巧打“组合拳”，对安置房建设“舍得投”、村级产业用地“舍得给”，被征地农民养老“舍得保”、就业创业“舍得补”，最大限度维护群众利益，既拓展了发展承载空间，又不给未来留下包袱。实现村集体经济“越拆越强”，百姓“越拆越富”。

为改善城乡百姓居住条件，南昌县坚持以新型农村社区建设带动小城镇建设的思路，以“空心村”整治和旧村改造为重点，依托“增减挂”政策破解资金缺口，按照不低于同地段中档商品房的标准，着力推进了第一批新社区试点建设工作，并配套完善了村级卫生室、休闲广场等生活设施。目前，总投资超24亿元、总面积超110万平方米的14个安置点建设已陆续封顶。届时，8463户农民可入住品质社区。

南昌县新城建设注重做好融合，大力完善功能配套，改善百姓居住环境。今年以来，投资10亿元按城市道路标准启动了省城南大门交通主动脉320国道改造工程，有序的启动了34条路网、14项环境景观工程建设，并连续三年每年投入1亿元进行城区绿化建设，城市的品位不断提升，城市的功能不断完善。如今，南昌县城莲塘和小蓝经开区为核心的昌南组团，已经成为南昌市“双核三圈五组团”城市框架的重要组成部分，与南昌市区实现城市的功能互补，交通、产业、城镇发展的无缝对接。

第七章　构建核心增长极重要战略支点

第一节　对话主题：走进南昌核心增长极

记者： 省委在2012年提出要把南昌市打造成为核心增长极，成为江西省这几年的一个重要发展方向，您能为我们详细介绍一下“增长极”是一个什么概念吗？

刘闯： 省会南昌是全省唯一的特大城市，是鄱阳湖生态经济区的核心城市。省第十三次党代会提出：鼓励支持省会南昌创新发展体制机制，大力提升综合实力和竞争力，成为带动全省发展的核心增长极。这是省委、省政府站在加快全省崛起的战略高度作出的重大决策。核心增长极的本质特征，一是高度集聚，成为经济核心；二是强力辐射，能够带动周边。也就是核心增长极一定是高度集聚的，并且发展到一定阶段后是能够强力辐射的。

记者： 南昌打造核心增长极一定有很重要的意义吧？

刘闯： 是的。打造核心增长极，是建设鄱阳湖生态经济区先导核心的需要。《鄱阳湖生态经济区规划》是新中国成立以来我省第一个列入国家战略的区域性发展规划。这个区域共有5.12万平方公里，涉及9个设区市、共38个县（市、区）。这么大的一个区域，应该有一个先导区，这样更有利于今后深入探索经验、实现快速发展、集中展示成效。这也是国家重大区域发展战略实施的一条基本经验。

打造核心增长极，是构建长江中游城市群战略支点的需要。为深入实施中部地区崛起战略，国家“十二五规划纲要”鼓励武汉城市圈、长株潭城市群、鄱阳湖生态经济区加强联系，建设以武汉、长沙、南昌为核心的长江中游城市群，随后又提出“中三角”经济区的概念。从与武汉、长沙的对比看，南昌作为“中三角”的“一角”，主要指标的绝对值和占全省的比重都处于垫底位置。所以在“中三角”，南昌是一个矮点。如果南昌不聚焦推动、加速发展，那么“中三角”就不是一个平面，而是一个斜面，很可能因为南昌的矮化而导致这个斜面“塌陷”。

打造核心增长极，是昂起江西经济社会发展强劲龙头的需要。“龙头昂起、两翼齐飞、苏区振兴、绿色崛起”，是新形势下全省正在着力构建的区域发展新格局。把南昌打造成为带动全省发展的核心增长极，就是把南昌放在加快构建区域发展格局重中之重的位置，全力昂起江西发展的龙头，进一步增强江西在全国区域发展中的核心竞争力。

记者：在南昌打造核心增长极战略中，南昌县是如何自我定位的？有怎么样的发展目标？

刘闯：我们的定位就是要构建南昌核心增长极重要战略支点。立足于全市来看，就是要勇担使命构建重要战略支点。省、市领导在南昌县调研时，先后指出，南昌县作为全市发展的龙头，理应成为核心增长极的核心，勇挑重任、敢于承担，切实为全市经济社会发展作出新的更大贡献。作为GDP占全市1/7、财政总收入占全市1/9，地方一般预算收入占全市 1/8 的江西第一县，我们理应成为在经济社会发展上好于、优于、快于其他地区，在地位、作用、影响力和辐射引领带动功能上重于、高于、强于、大于其他地方的重要战略支点，为打造核心增长极提供更大的支撑，承担更大的责任，作出更大的贡献。上升到全省来看，就是要不遗余力地全面争一流。南昌要打造带动全省发展的核心增长极，需要无数个第一来支撑；南昌县要成为名副其实的江西第一县，同样也需要无数个第一来支撑，需要我县各项工作走在全省前列，各个方面做出表率，成为标杆。集数个第一的我们需要继续埋头苦干，以做一等工作、创一流业绩的理念，以舍我其谁、当仁不让的气势，推动南昌县在各个领域、各个环节全面争创一流，以无数个第一来支撑首府首县、江西第一县的称谓和地位。放大到全国来看，就是要坚定不移地拼争五十强。作为江西县域经济发展的排头兵、领头雁，进一步提升南昌县的综合实力和竞争力，是我们应尽的责任；率先冲刺全国五十强，这是向全县人民作出的庄严承诺。我们必须瞄准百强指标的平均水平，对照县域经济评价体系的各项要求，超常发展、进位赶超，在坚定不移地挺近全国五十强县市、现代化综合新城的目标加速奋进。

记者：构建南昌核心增长极重要战略支点，该以什么为抓手，寻求突破？

刘闯：启动工业、服务业、旧城改造、新城建设四个“三年强攻计划”，是南昌全面打造核心增长极的重要抓手，也是我县构建核心增长极重要战略支点必须坚定贯彻、攻坚破难、全力推进、寻求突破的。近年以来，在市委、市政府和县委的坚强领导下，我县紧紧围绕“构建核心增长极重要战略支点”的目标，按照“两年有看头”的要求，坚持项目导向促发展、问题导向抓改革、需求导向惠民生，奋力实施四大“三年强攻计划”，统筹推进稳增长、调结构、促改革、惠民生各项工作，在国内经济下行压力加大、经济增速普遍低于预期的形势下，主要经济指标增幅继续高于省市平均水平，经济运行呈现出健康平稳、质量提升的良好态势。

第二节　对话主题：如何构建核心增长极重要战略支点

记者：2012年，当省委、省政府召开全力支持南昌发展、打造核心增长极动员大会后，南昌县以勇争第一的精神，担当起了构建“打造核心增长极”战略支点的重要角色。什么是战略支点？

刘闯：对我们来说，战略支点是一个具体的可量化的战略目标，到2015年，全县主要经济指标占南昌市的比重达到六分之一、2020年接近全市的五分之一，力争更多的量化指标总量位居全省第一，跻身全国五十强县（市），初步建成现代化综合新城。

记者：南昌县如何构建核心增长极重要战略支点？

刘闯：把目光盯在了“跻身全国五十强县市、建设现代化综合新城”，实现四大“三年强攻计划”的战略发展目标上，围绕经济大发展、城乡大变样、社会大和谐三大工程，推动全县迈入跨越式发展轨道。一是以被列为全国城乡一体化制度改革试点县为契机，在城中村改造、农民安置房上市交易、支持村集体经济发展等方面积极探索，先行先试；二是以被列为全国城镇居民社会养老保险试点县为契机，在解决城镇居民老有所养、完善城镇居民社会保障体系等方面积极探索，先行先试；三是以被列为全省县域经济综合配套改革试点县为契机，在扩权强县、强权扩镇、产业扶持等方面积极探索，先行先试；四是以在全省率先启动被征地农民养老保险工作为契机，在加快推进城乡一体化建设、解决被征地农民养老保障等方面积极探索，先行先试。

记者：构建核心增长极重要战略支点，经济发展是关键，南昌县有什么经验做法？

刘闯：经济转型、项目引领是关键。对外开放从招商引资走向安商选资。在项目落户的过程中，逐步从“捡到篮子里都是菜”转变为“精挑细选找好菜”。美国福特、上海宝钢、江铃汽车、福耀玻璃、可口可乐、百事可乐等一批世界500强、国内行业龙头、知名品牌企业相继落户。工业园区从荒滩荒漠走向工业新城，工业经济在转型升级中快速发展，形成了以汽车及汽车零部件为龙头，医药医器、食品饮料为支柱的产业发展格局，以产业的大聚焦促进经济的大发展。

记者：南昌县是如何实现城镇建设从大县小城走向综合新城，以城市建设大提升助推核心增长极重要战略支点的构建步伐？

刘闯：按照“对接大南昌、融入大南昌”的思路，南昌县要完成的便是从“市郊县”到“市县同体”的历史性转变。然而，摆在我们面前的头一道难题，便是“市县不同体”现状的客观存在。而“市县不同体”的特征，主要体现在交通、城建等方面的标准差异。要使县城与南昌城区实现无缝对接，关键便在于弥补这些差异，在道路、排水、绿化等方面进行一体化建设。

为此南昌县紧紧抓住鄱阳湖生态经济区建设及打造昌南组团的历史性机遇，全力构建“统筹城乡一体化制度改革试验区”。在推进新型城镇化建设的过程中，他们按照“高起点规划、高标准建设、高水平管理”

的原则，以城市建设的标准来推进各项工程的实施。在这样的标准之下，县里一些已经建成的城市道路，平均每公里的投入高达 4000 万元，已经达到了高速公路的资金投入量。我们眼于从“南大门”到“南中心”的定位之变，致力于打破县域内条块分割的制约，坚持把莲塘核心区、小蓝经济开发区、象湖新城区和向塘商贸物流区统一规划、统筹建设、统一管理，促进四位一体、互动发展。

记者：核心增长极重要战略支点的构建对南昌县还有哪些影响？

刘闯：构建核心增长极重要战略支点对我们来说是一个难得的历史机遇，如何抓住这个机遇发展南昌县域经济，做好“领头羊”“排头兵”的引领、示范作用是我们一直思考的问题。就目前来说，我们南昌县在这机遇下，不断完善城市功能、改善人居环境、繁荣城市产业，实现了城市建设的大发展、大提升。特别是加快推进了总投资 60 亿元的向塘铁路公路枢纽型物流基地建设，一个 2000 万吨货物吞吐量的区域性物流中心呼之欲出。南昌国际动漫产业园、恒大五星级酒店、茵梦湖等商贸重大项目加速推进，昌南组团商贸服务水平和城市形象不断提升。

记者：在构建核心增长极重要战略支点过程中，南昌县如何实现民生工程从“重点特惠”走向“共享普惠”的？

刘闯：作为我省的农业大县，南昌县在工业兴县的同时，实行城乡统筹，坚持和谐发展。在经济发展的同时，我县坚持推进民生共享普惠，不断加大民生事业投入，推进就业、保障性住房、教育文化、医疗卫生、公共安全等数百项民生工程建设，社保、医保、低保等社会保障覆盖率在 2011 年就已经提高到 100%，实现了城乡居民社会保障体系全覆盖。

☞资料链接

小蓝再升级—— 南昌县着力构建“打造核心增长极”战略支点

今年7月，小蓝经开区正式升级为国家级经济技术开发区；

国级开发区落户县域，这在我省尚属首次；

从一片沙漠到省级工业园区的建立，从省级工业园区升级为国家级经济技术开发区，小蓝经开区只用了短短的10年时间；

用不到1%的县域土地面积，创造了全县50%的财税收入。

……

一个个奇迹的创造，见证的是南昌县先行先试、勇争第一的精神。正是有了这种拼搏精神，南昌县才在“拼争全国五十强县市、建设现代化综合新城”的既定目标指引下，全力打造千亿产业集群，开启构建南昌打造核心增长极重要战略支点新航程。

升级为国家级开发区，小蓝经开区迎来科学发展的又一春

小蓝经济开发区是南昌县工业的传统主战场。从2002年成立至今，该区短短几年的时间就实现了质的飞跃，到现在已形成汽车汽配、食品饮料、生物医药、电机电器、轻纺服装等五大支柱产业。2011年，该区在继成为全省汽车及零部件、食品产业基地后，又获得“江西省生物医药产业基地”称号，成为我省唯一同时拥有三块省级产业基地金字招牌的开发区，工业总产值和主营业务收入双双突破400亿元大关。

当小蓝经开区升级为“国”字号后，发展中的矛盾也不断凸显，用地指标少，发展空间受限成为制约小蓝经济开发区发展的“瓶颈”。

为此，南昌县积极向上争取，深入实施以新型工业化为核心的发展战略，按照千亿产业集群、百亿企业方阵、千亿园区板块的目标，支持小蓝经开区拓区至40平方公里，再造一个新

小蓝。

在园区南拓的进程中，南昌县坚持框架建设与功能性建设并重，编制实施供电、供水、公共设施配套等专项规划，加快汽车大道、迎富大道、金沙大道南延及富山大道商务大街、玉湖商贸开发、莲塘河综合治理、污水处理厂二期、集中供热供气等生产性服务配套、生活性服务配套项目建设，完善教育、医疗、商业、餐饮、中介服务等机构，努力创建最佳人居和创业环境，真正实现“园区城市化、产业现代化、布局专业化、机制市场化”。

与入园企业共成长，这是小蓝经开区的生存理念

10年前，当小蓝经开区还是雏形初露时，就秉承“与入园企业共成长”的生存理念。

“那时候搞园区建设，困难很多，但县里却坚持要‘高标准规划，高起点建设’，要求提升硬件设施建设水平。”南昌县人大常委会主任胡小明记忆犹新。

按照“总体规划、分步实施、滚动发展、良性循环”的要求，小蓝经开区及时编制开发区控制性详规及分区规划，同时做到将开发区规划与南昌市整体规划相衔接。按照工业化与城市化协调发展的要求，加快建设公共配套设施，让园区在硬件发展的道路上一步步稳健推进，提升了园区形象和品位。

为更好服务落户企业，小蓝经开区在园区还专门设立“一办五局”，突出规划建设和提供服务的职能，建立星级考评制、首问责任制、服务承诺制、限时办结制、竞争上岗制等一系列制度，并每月实行工作目标管理制。

为切实解决企业用工难题，小蓝经开区专门成立了劳动和社会保障所，有9名工作人员专门从事劳动用工保障方面的工作，通过在市劳动力市场及县城设立劳动就业服务专门窗口、在各大人才市场网站开通小蓝开发区招聘专用通道，发布企业用工

信息，无偿为企业介绍务工人员。目前，在小蓝经开区，产业工人已达到4万余人，企业的用工需求得到进一步满足。

中小企业融资难也是落户小蓝工业园企业面临的难题，南昌县出台优惠政策吸引金融机构入驻。凡在该县新设注册资金5000万元（含）以上的法人金融机构，或商业银行在该县新设县级分支机构的，县政府将给予一次性奖励。法人金融机构奖励100万元，县级分支机构奖励50万元。开业后3年内，地方所得税收全额奖励企业。同时，对银行业金融机构在该县农村新设的营业网点（含自助网点），也给予一次性2万元的奖励。目前，只要在我省落户了的金融机构，都在南昌县设立了服务窗口，成为我省金融机构最多的县级区域。

小蓝经开区优质的服务不仅仅显示在为企业招工和融资上，当达利园用电需求较大时，南昌县为达利集团投资建设叁回路供电专线；当伟世通需要扩大产能时，南昌县又为其量身定做了3000平方米的二期厂房……依靠无微不至的硬件、软件服务，小蓝经开区稳稳地成为我省园区中世界500强、中国200强企业最为集中的工业园区。

打造千亿产业园，这是小蓝经开区的发展后劲

南昌县要拼争全国50强，需要更多的千亿产业来支撑。

小蓝经开区作为南昌县工业的主战场，需要聚集更多的千亿产业、百亿企业。

就在今年4月，南昌县又有33个重大工业项目集中在小蓝经开区开工，主要涉及汽车零部件、食品饮料、医药医器、电子机械、物流等产业，项目总投资51.31亿元，用地面积3088.2亩。项目竣工投产后，预计可实现产值110.51亿元，上缴税收6.5亿元，安排就业约一万人，为南昌县经济发展注入强劲动力。

“我们要将汽车及零部件产业打造成为小蓝经开区的首个

千亿产业！”雄厚的产业基础，这是南昌县的底气和信心所在，也是小蓝经开区的雄心所在。依托江铃股份、江铃控股等 5 个整车项目和美国伟世通、李尔内饰、上海宝钢等 91 个零部件项目，小蓝经开区已经唱响了“江西汽车看南昌、南昌汽车在小蓝”的品牌效应，扛起了引领我省汽车工业发展的“大旗”。到 2014 年，按照 1:5 的比例，整个汽车及零部件产值将超过 1000 亿元。

与汽车产业并驾齐驱的是南昌县的建筑产业。南昌县早就有“建筑之乡”的美誉。2011 年，南昌县建筑业产值近 400 亿元，利税超 20 亿元，建筑业从业人员近 15 万人。

去年 12 月，南昌县专题研究规划建筑产业发展布局，提出打造全省首个千亿建筑科技产业园的战略规划，力图通过产业集聚的方式，更快地形成产业链。今年 3 月，该县制定出台了《关于促进建筑业持续发展建设建筑强县的若干意见》和《关于打造江西省千亿建筑科技产业园实施方案》，规划在小蓝经开区内、濒临赣江之畔建设一个建筑科技产业园，带动南昌县由“建筑大县”向“建筑强县”转变。其远景目标就是打造一个综合性的千亿建筑科技产业园，到 2016 年，争取年完成建安产值达到 1000 亿元以上，税收 35 亿元以上。

食品和生物医药是南昌县的传统优势产业，把食品和生物医药合并打造成 500 亿元产业，依托食品产业优势，吸引 100 家左右食品饮料企业入驻小蓝经开区，同时围绕行业龙头，加大医疗器械、设备类企业及配套企业招商，力争到 2015 年，把食品和生物医药产业打造成 500 亿产业集群。

小蓝经开区，为南昌县百强进位、奋力赶超，为构建“打造核心增长极”战略支点奋力冲刺！

（江西日报）

第三节 对话主题：承前启后的 2015

记者：今年是十二五计划的收官之年，简要总结一下南昌县 2015 年取得的发展成绩吧?

刘闯：面对极其错综复杂的形势，全县上下紧紧围绕省委“十六字”方针和市委“二十字”总任务，按照“在全国找坐标、在全省立标杆，在全市当先锋”的要求，进一步解放思想、改革创新，开拓进取、务实奋进，统筹推进稳增长、促改革、调结构、惠民生各项工作，顶住了经济下行的巨大压力，实现了经济持续健康较快发展和社会和谐稳定，圆满完成了“十二五”规划各项目标任务，也为构建南昌核心增长极重要战略支点的目标进程交上了一份阶段性的满意答卷。

发展成绩可以用“十百千万”来概括。即：

挺进全国五十强，彰显综合实力新跨越。在县域经济、中小城市、新型城镇化质量三个全国百强县评比中，全部迈进五十强，分别跃居第 41、45、48 位，提前一年兑现了本届县委、县政府的庄严承诺，并同步囊括了全国投资潜力百强县、全国工业百强县、全国财政收入百强县、中国十佳“两型”中小城市、全国休闲农业与乡村旅游示范县等十余张国家级名片。

财政收入过百亿，展现逆势上扬新作为。全县财政总收入历史性突破百亿大关，达到 100.9 亿元，成为全省首个财政收入过百亿县，实现了具有里程碑意义的重大跨越。

园区经济冲千亿，开启发展升级新征程。预计全年小蓝经开区主营业务收入突破千亿元大关，增长 28%，跻身全省千亿园区“俱乐部”。

解决问题万余个，网格助推民享新改善。探索推行了创新社会治理网格化管理工作，将 46 名县区领导、60 家职能单位、1225 名县直机关干部、5000余名镇村干部分层分类下沉到基层一线，联驻1020个单元网格，每周三晚定时与百姓“相约”。截至12月底，全县共开展29个驻点日，接待、走访群众96104人次，收集问题12131个，已解决问题11146个，办结率为91.9%。

记者：这个成绩确实非常震撼。那么您怎么看当前的经济形势？

刘闯：一全面准确把握当前宏观经济形势，是我们做好下一步工作的重要前提。当前，我们既要正视面临的困难和挑战，又要看到具备的有利条件和积极因素，既要坚定必胜信心，又要增强忧患意识，按照稳中求进的要求，扎实推动我县经济持续健康发展。以更宽阔的视野、多维度的视角，科学谋划“十三五”，适应、把握、引领新常态。

记者：居安思危，认清形势，抢抓机遇，说得非常好。请您谈谈南昌县的发展机遇和挑战。

刘闯：“十三五”时期，我们既面临难得的发展机遇，也将应对各种风险挑战，但总体上机遇大于挑战，仍处于大有可为、大有作为的战略机遇期。**从机遇来看，有“四个利好”：**经济发展进入新常态，产业变革孕育新突破，有利于我们发挥后发优势实现弯道超车；长江经济带、昌九昌抚一体化等国家及省市重大战略的深入推进，有利我们深化区域竞合、扩大对外开放；全面深化改革和创新驱动发展的纵深推进，有利于我们激发发展动力和活力；中央推进全面从严治党，大力倡导“三严三实”，有利于我们优化政治生态，凝聚发展合力。**从挑战来讲，有“四大考验”：**未来五年，国际国内形势依然错综复杂，发展外部环境的不稳定性和不确定性因素依然较多。特别是我们仍属于欠发达地区的现状没有根本改变，县区面临着既要加快赶超发展又要推进转型升级，既要补齐城市建管“欠帐”又要统筹城乡一体发展，既要促进民生普惠又要积极回应个性诉求，既要专注经济建设又要提升社会治理等“四大双重任务”的考验。总的来讲，“十三五”期间，南昌县发展面临着“五期融合”的阶段性特征，即：率先全面小康的决战期、产业转型升级的爬坡期、城乡统筹发展的关键期、产城深度融合的攻坚期、民生福祉改善的提升期。对此，县区上下要切实增强忧患意识和使命意识，坚持以中央提出的“四个全面”战略布局为统领，以五大发展理念为引领，进一步抢抓机遇、应对挑战、主动作为，全力推动县域经济社会更好更快发展。

记者：承前启后。十二五在2015年的斐然成绩中完美收官，十三五远大征程便已在2016年的新年钟声中起航。能介绍一下南昌县未来五年的发展目标和规划吗？

刘闯：围绕全面建成小康社会的总要求，根据“十三五”时期发展的阶段性特征，本着“跳起来摘桃子”的原则，县委提出了“再造新小蓝、挺进三十强、率先奔小康、跻身文明城”，努力建设“宜居宜业的现代化中等城市、富裕文明的和谐幸福新昌南”的目标和定位，回答了“未来五年建设什么样的南昌县”的问题。**“再造新小蓝”，**是围绕推动工业经济由扩量增速转向提质增效的现实要求确定的转型升级目标。“新”是相对于旧有的发展理念和发展方式而言的，就是要致力提质增效升级，以管理层级扁平化、去行政化为原则，深化园区运行机制和人事制度改革，再造新模式；发挥产业基金、创投基金等杠杆作用，撬动集成电路、新材料、新能源等战略性新兴产业加快发展，培育新产业；抢抓“互联网 +”发展机遇，加快推动信息化与工业化深度融合，催生新业态；积极顺应“双创”新趋势，建立健全创新创业孵化体系，释放新动能；不断推动工业经济迈向中高端，力争到2020

年实现高新技术企业突破200家、高新技术产业产值占规上工业产值比重超过1/3、全社会研发经费支出占GDP比重达到3%、小蓝经开区每平方公里主营业务收入突破100亿元的“2331”目标，再造一个“新小蓝”。**“挺进三十强”**，是立足南昌县发展的良好基础和有利条件确定的争先进位目标。目前，我们在全国县域经济基本竞争力百强县和中小城市百强县排名中分别位居第41位、48位（均以2014年指标为评价标准），以此倒推，到2020年实现双双挺进三十强，需要年均分别晋位2位和3位。尽管越到上游比拼越激烈、阻力也越大，但与此同时，类似四川双流等一些先进发达地区陆续撤县设区，也给我们带来了较大的提升空间，只要敢于跳起来摘桃子，始终保持经济增长中高速且取其高，确保到2020年公共财政预算收入过百亿、地区生产总值超千亿，双双挺进三十强的目标就一定能够如期实现。**“率先奔小康”**，是结合贯彻中央及省市部署要求、顺应群众对过上更加美好生活的追求确定的宏观战略目标。围绕落实中央关于全面建成小康社会的总体要求，省委提出了“提前翻番、同步小康”的总目标，市委明确了“在全省率先全面建成小康社会”的总任务。作为江西首府首县、全国五十强县市，率先在全省全面建成小康社会，既是我们应尽的责任，也是应有的担当。从2014年的监测结果看，我县全面小康的总体实现程度为88.2%，居于全省前列，特别是在25项监测指标中，已经有18项指标实现程度达到100%，剩下的9项未达标指标中，涉及民生福祉类的就有7项，这也说明我们的民生欠帐还很大。只要我们在加快经济发展的同时，更加注重保障和改善民生，加大乡村学校、医院、文化、体育等公共服务配套设施建设，有针对性地查漏补缺，精准发力，补齐短板，就一定能够在全省率先全面建成小康社会。**“跻身文明城”**，是着眼于提升省会南大门形象、满足人民对宜居环境期盼确定的城市发展目标。近年来，我们紧紧依托南昌市南拓的发展趋势，不断加强基础设施建设，完善功能配套，县城建成区面积扩大到62平方公里，已经逼近省内部分设区市规模，但城市建管水平还停留在“近郊县”“农业县”的低层次上，尤其是大部分镇村面貌依旧，甚至“江河日下”，与首府首县的地位、省会郊县的区位还不相匹配。“十三五”期间，我们要坚持以创建全国县级文明城市为对标引领，统筹推进国家卫生城、国家级生态县、省级森林城“四城联创”，更加注重民本、生态、文明融合，不断提升规划、建设、管理的高度，进一步优化城市空间布局，完善功能配套，提升形象品味，推动城乡统筹，努力把南昌县建设成为宜居宜业的现代化中等城市。

记者：跳起来摘桃子，需要胆识和魄力，更需要科学的战略和保障。

刘闯：是的。围绕上述目标，县委、区党工委建议从实施“六大战略”、强化“三大保障”等九个方面，回答了采取什么办法、依靠什么措施来保障和实现“十三五”目标任务。**关于战略举措，**主要是实施六大战略，其中创新驱动战略、城镇带动战略、绿色发展战略、全面开放战略、共享发展战略，分别对应中央提出的创新协调绿色开放共享“五大发展理念”。产业升级战略也是五大发展理念的具体内涵，只是结合我们经济总量还不够大、产业结构还不合理的实际情况，特别加以强调的。这六大战略相辅相成、相互贯通、相互促进，既是我们贯彻落实中央及省、市决策部署的必然要求，也是破解发展难题、厚植发展优势的现实选择。县区上下务必要牢固树立全面系统的思维，善于运用科学统筹的方法，自觉主动抓好贯彻落实，不能顾此失彼，也不能相互替代。**关于战略保障，**主要是三个方面，即全面深化改革、推进依法治县、加强和改善党的领导。其中，全面深化改革是不竭动力，是破解发展难题的总钥匙；依法治县是重要保障，是新形势下协调利益关系、化解风险矛盾的内在要求；党的领导是根本保证，是“十三五”目标任务落到实处的关键所在。

第八章　创建全国县级文明城市

第一节　对话主题：争创文明整装待发

记者：南昌县直接跨越省级创建先进县（市）、省级文明县城两个级别，入围创建全国县级文明城市的提名城市，从现在起正式向全国县级文明城市发起冲刺。什么是文明城市，南昌县为什么要努力创建全国县级文明城市?

刘闯：文明城市指在全面建设小康社会，推进中国特色社会主义现代化建设新的发展阶段，坚持科学发展观、坚持以人为本，经济和社会各项事业全面进步，物质文明、政治文明与精神文明建设协调发展，精神文明建设取得显著成就，市民整体素质和城市文明程度较高、发展和谐的城市。文明城市称号是反映一个城市整体文明、和谐水平的综合性荣誉称号，是目前我国综合评价城市发展水平的最高荣誉，也是城市竞争中最具价值的金字招牌。特别是当前以城市文明为标志的新一轮竞争，已经日益成为区域经济发展的主旋律。

文明城市是城市物质文明、政治文明与精神文明三个文明建设综合性的最高荣誉称号，是最有价值的无形资产和最重要的城市品牌。努力创建全国文明城市是加快城市化进程，提升城市综合竞争力，提高城市文明程度，推进实现中部崛起，促进南昌县全面建设小康社会的必然要求和重大战略举措。

记者：*创建全国县级文明城市对我们县来说，意味着什么？*

刘闯：在2014年10月召开的全国文明城市创建现场会上，我县直接跨越2个台阶，成为全国县级文明城市创建提名城市。对我们来说，这既是难得的机遇和光荣的使命，更是艰巨的挑战和巨大的压力。对照全国文明城市的测评体系，我们很多工作还存在较大差距。比如在城市建管上，基础设施、公建配套设施还不够完善，环境“脏、乱、差”现象依然突出；在社会管理上，黄、赌、毒等丑恶现象仍未根除；在市民文明素质上，乱闯红灯、乱扔垃圾、随地吐痰等不文明行为仍很常见，等等。这些都是我们的本职工作、份内之事，但由于标准不高、要求不严，导致本不该成为问题的却成了问题。我们要以创建全国文明城为契机，进一步自我加压、拉升标杆，以更高的标准、更严的要求，推动各项工作在全省、全市乃至全国勇争一流、走在前列。创建全国文明城的启动开展，鼓舞着我们向更高标准看齐。

记者：*您是怎么看待创建全国县级文明城市这一目标的？*

刘闯：创建全国县级文明城市是我们履职应尽的义务，是今年及今后一个时期县委、县政府的一项重要工作。县区广大干部群众，尤其是各级领导干部要切实增强大局意识、责任意识和使命意识，要形成全民参与，共享幸福新生活的浓厚氛围，始终坚持把让群众参与、让群众受益、让群众满意作为创建工作的基本准则，充分发挥群众的主体作用，广泛动员社会各界力量参与创建活动，努力使文明创建家喻户晓、深入人心，成为全县人民的共同事业和一致追求。

为了实现全国文明城市的目标，我们要紧紧围绕“干干净净、漂漂亮亮、井然有序、和谐宜居”16字城市管理目标，认真做好创建全国县级文明城市各项工作，通过强基础、建机制、抓长效，扎实有效地开展文明创建工作；要抓落实，突出重点，以问题为导向，以埋头苦干，扎扎实实的作风做好各项创建工作；要抓履职，按照“一张网”推进的理念，把创建工作同创新社会治理网格化管理工作结合起来，与推进“连心、强基、模范”三大工程结合起来，做到统筹兼顾，互相促进。要抓好督查工作，严格问责机制，通过新闻媒体公布责任人、责任地段、责任单位，接受广大群众的监督。

创建全国文明城是一项庞大的社会系统工程，涉及内容多、时间长、范围广、要求高。县区各级各单位务必要高度重视，齐抓共管，合力推进，打好创建攻坚战、持久战。力争到2017年顺利通过创建验收，进入全国县级文明城市行列，努力把南昌县建设成为干干净净、漂漂亮亮、井然有序、和谐宜居的美丽家园。

记者：南昌县是否有信心完成这项庞大的社会系统工程？

刘闯：是的，我们都是抱着“不创则已、创则必成”的坚强决心，怀着“建美丽南昌县、做文明昌南人”的坚定追求，拼尽全力去打创建攻坚战的。作为江西省首府首县，近年来，南昌县始终坚持经济发展与改善民生相结合，始终坚持城市建设与城市管理并重，先后实施了“三城同创”、四大“三年强攻计划”等重大战略，取得了经济的快速发展，2015年县域经济更是跃居全国百强县第41位，为创建工作打下了坚实的物质基础和投入保障。在近两年的时间来，南昌县不仅通过了省级卫生县城的复审，还摘得了省级园林县城的殊荣，更是锻造了一支素质过硬、作风优良、敢于攻坚、善打硬仗的干部队伍，这些为创建工作打下了良好的工作基础、积累了宝贵的工作经验。

记者：您觉得目前来说，我们要怎么做才能顺利实现这一目标？

刘闯：2015年是南昌县创建全国县级文明城市的开始之年，我县进一步完善公共服务设施、市政基础设施以及文化基础设施等的建设，着重整治脏、乱、差、堵等问题。同时，开展志愿服务进社区等活动，并通过优化窗口行业服务水平、营造创建氛围、加强社区建设等举措，提升整体形象。

为使各项整治活动落实到位，南昌县成立了专项领导小组，进一步加大政府向社会力量购买服务力度、全面放开环境卫生保洁、盛世园林绿化养护、市政设施维护等公共服务市场，不断深化市容环卫体制改革、深化城管执法体制改革，并不断强化督查考核，将各级各部门治理情况按照一定权数计入综合考评，并采取委托第三方测评的方式，对相关责任部门进行考评。

我觉得创建全国县级文明城市，一定要提高认识、促进落实，做到思想认识再进一步、工作部署再进一步、暗访督查再细一步。除此之外，还要突出建管并举抓市容，做到“两手都要硬”，以完善机制、长效管理为原则，以社区环境、交通秩序、建筑工地、街道街景、消防设施、绿化达标、餐饮行业、农贸市场、水体生态、学校周边十大专项整治为抓手，加大便民市政基础设施建设，提升城市管理水平，改善人居环境；要统筹谋划强保障，通过凝聚创建合力、创新网格管理、强化督导保障措施，继续坚持高规格、高强度推进，进一步加大人力、财力、物力支持。

记者：南昌县为此还做了哪些准备工作？

刘闯：今年2月，县里召开创建全国县级文明城市动员大会，确定在创建第一个周期即2017年实现进入全国县级文明城市行列为奋斗目标。为了冲刺全国县级文明城市，我们县将大力推进市政基础设施建设，提升改造富山大道、汇仁大道等主干道，打通莲西大道北延、澄湖西路南延等断头路，加快320国道改造和向塘物流园、武阳创业园路网建设。启动雄溪河综合治理及景观提升工程等功能配套项目建设。推进改造昌南客运站公交站台、莲塘公交老站。畅通雨污水管网，形成运行高效、功能完善的市政设施体系。推进公共文化设施建设，启动工人文化活动中心建设，强化县文化馆、图书馆、博物馆等公共文化场所的管理，进一步提高全县人均文化、体育场地面积。

记者： *创建工作宣传先行，南昌县如何加大宣传，创造浓厚创建氛围，发动广大社会力量？*

刘闯： 为在全县上下形成人人积极参与，个个身体力行，全县共创文明城市的浓厚氛围，从今年四月初开始，我县整合社会各方面力量广泛进行文明城创建宣传工作，县城管委加大投入力度，在县城莲塘、昌南新城、小蓝经开区、银三角主次干道、县城澄碧湖广场、墨山立交桥、银三角立交桥、大型建筑、建筑围栏、建筑物房顶、公交站点等重点区域，利用公益广告等形式，大力宣传社会主义核心价值观、中国梦、俭以养德、未成年人思想道德建设等文明创建内容，同时，各窗口行业、公共设施、营业场所、机关企事业单位利用LED显示屏，滚动播出文明城创建宣传内容和标语，还有的窗口单位在办公楼门面、楼体立面等适当位置张贴、悬挂创建文明县城宣传标语，大大提高了创建文明城市的知晓率、支持率和关注度，引导广大群众积极主动参与创建文明县城活动，促进创建工作扎实开展。

记者： *据说为了创建全国文明城市，南昌县今年重点推进了11个重大基础设施，能为我们详细介绍一下吗？*

刘闯： 我县今年重点推进总投资达44.8亿元的11个重大基础设施项目，加快推进城市建设步伐，全力打造昌南区域中心城市，为创建全国县级文明城市打下良好的基础。

这重点推进的 11 个重大项目涵盖小蓝经开区、武阳创业园、向塘开发区、银三角、昌南新城等路网新建、提升、改造工程。同时全面启动 320 国道改造、小蓝经开区 220KV 变电站建设及斗石线路迁改、雄溪河改造、打通县城老城区断头路、银三角立交桥城市化及周边环境改造、105 国道改造等重大基础设施工程。

通过这些项目的建设和改造，进一步完善我县城市交通功能，构筑大昌南发达的城市道路交通网络，进一步服务园区，促进产城融合，城市框架实现从“大县小城”到“一城五片”的跨越，达到提升昌南组团基础设施配套水平，改善居民居住环境和生活质量的目标，为“创建宜居宜业、产城融合、集聚辐射的现代化综合新城”以及全国文明县城的创建奠定更加扎实的基础。

记者：除了 11 个重点推进的重大项目外，最近南昌县还全面推动了无障碍环境建设，您能为我们介绍一下相关情况吗？

刘闯：无障碍环境建设是现代文明社会环境建设的基本规范。为全面推动无障碍环境建设，近年来，南昌县投入 1200 余万元，初步形成了较为完善的无障碍环境建设保障体系，并逐步向无障碍设施建设的常态化轨道迈进。

在道路方面，南昌县城建设了缘石坡道 834 处，设置率 100%，人行道及人行横道各种路口坡化改造率 100%；提示盲道共 349 处，行进盲道共 20139 米；并在县城道路主要位置的人行横道设置了规范的“安全岛”。在公共建筑方面，有 50 余个项目新建了无障碍设施，含办公、教育、医疗、体育、文化、商业、广场、公厕等新建、扩建、改建项目；无障碍改造项目 49 个，含医院、商场、饭店、文化体育设施等改造；在公共交通设施方面，有 8 个项目建设了无障碍设施。在家庭无障碍改造方面，残疾人家庭改造800户，老年人家庭改造500户；在居住建筑方面，有25个新建、扩建和改建的居住小区和150个既有居住小区建有无障碍设施等。

第二节　对话主题：携手共建魅力家园

记者： 据了解，今年县将投入1.8亿元创建国家森林城市？

刘闯： 是的，我们相信全国文明城市也一定是个景色宜人的绿色家园。我县自2010年“创建国家森林城市”以来，不断加大森林城市绿化投入力度，前三年每年安排资金不低于5000万元，后三年每年安排资金超亿元，今年将达到1.8亿元。今年以来，我县全力打造澄湖北大道东延、小蓝大道、2012年度安置房小区绿化以及银三角市政文明景观绿化工程建设，县城区内大部分居民在500米内都能享受到绿化休憩服务。“绿成片，花成带，树成景，常年有花，四季常青，湖光水色，生态和谐”是我县森林城市绿化建设的发展目标。

记者： 500米内都能享受到绿化休憩服务，确实是个不小的工程啊。主要通过哪些途径来实现？

刘闯： 近年来，南昌县在城区开展了“园林化单位”“园林化小区”“园林化企业”“园林化校园”等创评活动和县城绿地“认建认养”“重要节点部位盆景花卉展摆”活动，在农村开展了“生态乡镇”建设、“千万树木进千村”、房前屋后植树等活动，在全县形成了“人人参与创建、全民齐抓共创”的良好氛围。

2009～2014年，南昌县“森林城乡、花园南昌”工程建设共完成造林绿化20.82万亩，其中2010年度5.23万亩、2011年度5.27万亩、2012年度3.94万亩、2013年度1.68万亩。全县森林覆盖率为22.52%。县城建成区绿地面积1469.95公顷，公园绿地面积206.48公顷，城市绿化覆盖率45.7%，绿地率40.95%，人均公共绿地面积达到12.44平方米，城区乔木种植达到63.1%，城区道路树冠覆盖率26.4%，城区地面停车场绿化乔木树冠覆盖达到32%。

记者：这一片片绿色都来之不易啊。

刘闯：是的。来之不易所以更加珍惜啊。绿色是生命的颜色，生命的象征。在一座城市，绿色是可持续发展的重要元素，是现代文明的发展方向。从“既要金山银山，也要绿水青山”到“绿水青山就是金山银山”的升华，我们坚持“生态立县、绿色发展”的思路也越来越清晰，越来越坚定。人与自然的和谐，一定要处理好人与绿色的有机融合，这也是我们县创建全国县级文明城市的出发点和落脚点。

记者：前两天去澄碧湖公园和莲塘公园转了转，风景真的特别好，还遇到了不少慕名而来的游客。

刘闯：是的，早晨可以去去莲塘公园锻炼锻炼吸吸氧，那里树木多。傍晚的时候，可以去澄碧湖公园散散步，那里风景好。为了让群众有更多的休闲娱乐场所，在现有澄碧湖公园、莲塘公园以及冈上兴农沙漠生态公园等公园情况下，2013年下半年启动了东莲路市民公园、实施澄湖北苑公园的建设，今年又着手实施了银三角市政文明景观工程建设。除此之外，南昌县新区开发，旧城改造，居住小区和花园楼盘如雨后春笋拔地而起。政府加强指导，开发商理念更新，全县新落成的居住小区绿地面积达标，景观设计科学，花木品种丰富，植物配置合理，园林小品精致，生态环境优美。截至目前，南昌县共有19座居住小区被命名为“园林小区”，占居住小区总数的73.08%。

记者：相关资料显示，南昌县还积极开展森林抚育、封山育林和公益林建设。

刘闯：是的。南昌县地处鄱阳湖平原腹地，除南部有少量低丘分布，其余都是典型的滨湖平原地貌，山地只有18494亩。到目前为止，实施了森林抚育3000亩，封山育林10000亩。通过实施封山育林，森林总蓄积量、林种结构、树种组成等都得到了提高。南昌县现有百年以上古树名木162株，其中500年以上的36株，300-499年之间的44株，100-299年之间的82株。初步形成了百年千载古树群，与近代造林绿化珍稀名木交相辉映。一流的生态宜居环境已经渐渐成为我们县扩大对外开放的新名片。建设生态良好、环境优美的绿色家园、魅力家园，是我们全县人民共同的愿望和义不容辞的责任。

第三节　动员大会精神摘要

南昌县创建全国县级文明城市动员大会于2015年2月27日召开，会议由县委副书记、县长刘闯主持，县委书记、小蓝经开区党工委书记郭毅做了讲话。以下内容摘选自郭毅书记的动员讲话。

一、全县动员，实现美好家园梦

我们都知道，全国文明城市是目前我国综合评价城市发展水平的最高荣誉，也是城市竞争中最具价值的金字招牌。特别是当前以城市文明为标志的新一轮竞争，已经日益成为区域经济发展的主旋律。作为江西首府首县、全国百强县，我们创建全国文明城，不仅仅是追求一块“牌子”，也不仅仅是追求一个荣誉，而是更多地通过这个平台、载体，来全面提升经济社会发展水平。全县上下务必要进一步统一思想、凝聚共识，以共识促共为，以共为谋作为。

1、充分认识创建全国文明城的重大意义。经济新常态下，区域之间的竞争已不仅是经济实力、区位优势的竞争，同时也是文明环境、市民素质的竞争。可以说，创文之路就是发展之路、进位之路、率先之路。首先，创文是实现可持续发展的内在要求。经济“硬实力”和文明“软实力”，对于发展来说犹如鸟之双翼、车之双轮，相辅相成、缺一不可。近年来，南昌县经济一路高歌猛进，但是软实力方面，如党风廉政建设社会评价、公众安全感测评等，却始终挣扎在温饱线上。这不仅严重制约了经济社会的可持续发展，也在一定程度上影响了全国百强的进位赶超。我们创建文明城，就是要通过创建这个载体，进一步优化发展环境，提升发展软实力，以此来补齐短板，扭转二者之间天壤之别的现状，推动经济持续、快速、健康发展。其次，创文是增强城市竞争力的重要抓手。在新常态背景下，城市之间的竞争越来越突出地表现为城市环境的竞争。尤其是我们在招商引资过程中，在推进集成电路等高新产业的过程中，感觉到对环境的需求、渴望更为突出。近年来，我们通过强力推进房屋征收、加大基础设施建设力度，拉开了城市发展的框架，实现了城市“量的扩张”，但是在“质的提升”方面做得还不够，特别是城市形象品位、管理水平和文明程度与城市发展要求还不相适应。我们创建文明城，就是要着力解决城市快速发展中管理不到位和市民素质跟不上的问题，全面加强城市建设和管理，优化人居创业环境，提高市民文明素质，提升“千年古县、首府首县”的城市魅力。最后，创文是提升群众幸福感的有效载体。现在，老百姓不仅要吃好穿好住好，还要求出行方便、社会安全、环境舒心，还希望文化丰富、精神充实、人际和谐。我们创建全国文明城，更重要的是把群众的呼声和愿望作为“第一信号”和最高标准，从群众最不满、最关心、最受益的事情抓起，进一步改善生活环境、创造文明生活、提升群众幸福感，使我们的城市更加宜居、宜业、宜商、宜学。可以说，创建文明城是一项不折不扣的惠民利民之举，是一件让群众舒心、满意、高兴的实事好事。

2、全面把握创建全国文明城的有利条件。对于南昌县来说，创建全国文明县城拥有很多有利条件。一是有坚实的经济基础。近年来，全县主要经济指标始终保持总量全省领跑，增幅高于全省全市平均水平的增长态势。在全国百强县排名中，我们更是连年进位，已顺利跻身全国百强的中游方阵，等等。经济的快速发展既为我们创建工作打下了坚实的物质基础和投入保障，同时也是我们创文的最大优势和底气所在。二是有扎实的工作基础。实际上，创建对我们来说，并不陌生。2013 年 8 月，同样在这个地方，我们向全县发出了创建省级文明县城、省级园林县城、巩固省级卫生县城“三城同创”的动员号召，短短两年不到的时间，我们不仅顺利通过了省级卫生县城的复审，还摘得了省级园林县城、“全国县级文明城市提名单位”等诸多殊荣，更锻造了一支素质过硬、作风优良、敢于攻坚、善打硬仗的干部队伍。这些都为我们创建文明城打下了良好的工作基础、积累了宝贵的工作经验。三是有广泛的群众基础。近年来，我们始终坚持以发展之先普惠民生之先，以一件件惠民实事、一项项利民措施、一张张民生答卷，把县城扮靓了、环境变美了，绿地增多了。特别是按城镇职工标准实施被征地农民养老保险全覆盖、乡镇公交全覆盖、农村清洁全覆盖，推行国家基本药物零差价，等等，赢得了群众由衷的点赞，为创建文明城打牢了广泛的群众基础。

3、清醒看到创建全国文明城的艰巨任务。在坚定信心的同时，我们也要充分认识到创建全国文明城市的长期性和艰巨性。一是从全国来看，竞争激烈。目前，全国只有 50 个文明城市，其中县级文明城市仅有4个，占全国1979个县（市）总数不足千分之二。而此次与我县同步进入全国县级文明城市提名的县市数量达到167个，其中江西省就有5个，这就意味着我们不仅要与省内兄弟县市进行激烈比拼，而且要与江阴市、长沙县、双流县等实力比我们强、发展比我们快的全国其它县市进行同台竞争。竞争之激烈、比拼之残酷可见一斑。二是从考核来看，更加严格。与以往的创建工作不同，全国文明城创建测评范围更广、标准要求更高、考核办法更严，仅测评项目就有101项，测评指标达236个，而且测评方式灵活多样，既有材料审核、听取汇报，又有实地考察、问卷调查，没有任何突击、变通的捷径可走，必须靠硬实力和真本事。此外，大家也都知道，南昌市创建全国文明城至今已经走过了20个年头，可以说是屡战屡败、屡败屡战，经历了一次次的失败和挫折，才最终取得了成功。而我们要创建成功，就需要用三年的时间走完南昌市的20年历程，其难度可想而知。三是从自身来看，差距不小。我们现在搞创建全国文明城活动，是直接越过省级提名城市、省级文明城，进入全国提名城市，连续跨过了3个台阶，如果创建成功的话，就是直接跨越4个台阶。对于我们来说，这既是机遇，也是压力，更是短板和不足。特别是对照创文的高标准，我们的工作差距还很大，突出表现在：基础设施欠帐较多，环境脏乱差现象仍然存在，市民文明素质亟待提升，社会治安环境依然严竣，等等。这些都还需要我们下大力气，做大量艰苦细致的工作。

总之，创建全国文明城市，机遇难得不容有失，形势逼人时不我待，任务艰巨不进则退。县区广大干部群众，尤其是各级领导干部要切实增强大局意识、责任意识和使命意识，进一步把思想和行动统一到县委、县政府的决策部署上来，统一到创建文明城各项工作上来，达成共识，形成合力，迎难而上，确保圆满完成各项创建任务。

二、全民参与，共享幸福新生活

创文不是篮球赛、乒乓球赛，而是一场百万人的长跑赛，全县人民都是运动员，也是创建成效的检验者，更是创建成果的受益者。此次南昌市成功创建全国文明城市，最大的经验就是：以人为本，唤起民众，注重实干，贴近市民。所以，创建能否成功，关键在群众，主体在群众。我们要始终坚持把让群众参与、让群众受益、让群众满意作为创建工作的基本准则，充分发挥群众的主体作用，广泛动员社会各界力量参与创建活动，努力使文明创建家喻户晓、深入人心，成为全县人民的共同事业和一致追求。

1、广泛发动群众。发动群众参与是搞好创建工作的基础和前提，群众的发动程度决定了创建工作的成败。只有人人参与文明创建，文明才会离我们更近一点，城市才会更加文明一些。一是动员群众参与。要加大舆论宣传力度，充分运用电视、网络、宣传栏等多种形式，广泛宣传创文的目标、意义、标准和要求，切实在全社会形成强大的创建声势，营造浓厚的创建氛围。要精心组织形式多样、寓教于乐、为群众所接受的特色创建活动，真正把各方面的积极性、创造性充分调动起来，努力形成人人了解创建、关心创建、支持创建、参与创建的生动局面。二是接受群众监督。要坚持把开门搞创建贯穿于整个创文活动的始终，采取媒体公告、张榜公布、网络公开等形式，将创建工作实施方案、主要内容、时间安排、进展情况，主动向群众公开，自觉接受群众监督。三是请群众评判。测评有期限，但百姓是“永远不走的检查团”。要始终坚持把群众满意作为创建的第一标准，经常性开展满意度测评、群众评议等活动，广泛征求群众的意见和建议，汲取各方的智慧和力量，确保每项创建工作得到群众认可，成为民心工程。

2、积极引导群众。如果说绿化是城市的外衣，建筑是城市的脊梁，环境是城市的容貌，那么群众素质则是城市的灵魂，决定着城市的精神风貌。我们要紧紧抓住提升市民文明素质这个关键，突出教育引导、严格规范、环境塑造、文化熏陶，努力让文明成为每一位市民的自觉习惯、生活常态。一是突出教育引导。要坚持以先进文化感召人、启发人、引导人、改造人，重点抓好社会主义核心价值观、社会公德、职业道德、家庭美德等思想道德教育，积极营造健康向上的人文环境，进一步引导广大群众讲文明、强素质、树新风。这里要重点强调一下未成年人思想道德建设工作，未成年人思想道德建设既是文明创建的基础性工程，也是创建测评的前置条件。我们要紧紧抓住育人为本、德育为先这个根本，坚持从娃娃抓起，进一步健全完善未成年人的学校教育、社会教育和家庭教育网络，使他们从小养成良好文明习惯。二是坚持法治引导。文明习惯的养成，既要靠自律，也要靠他律。要坚持把文明创建与依法治县结合起来，大力推进法治宣传教育进机关、进乡村、进社区、进学校、进企业、进单位，不断增强全民法治观念、法律意识，引导群众自觉守法、遇事找法、解决问题靠法，推动形成守法光荣、违法可耻的社会氛围。三是注重典型引导。要充分发挥先进典型的示范引领作用和反面典型的警示教育作用，深入推进文明单位、文明村镇、文明窗口、文明家庭等系列创建工作，广泛开展道德模范评选表彰活动，同时对不文明行为和现象及时予以曝光，努力在全社会营造“见贤思齐、见不贤而自省”的良好氛围，持续不断地提升群众道德素质和社会文明程度。

3、始终惠及群众。文明城市创建，树立的是形象，改善的是环境，提高的是素质，促进的是发展，但最终目的还是要让群众得实惠、永受益。一是突出创建为民。要坚持把群众的诉求作为创建工作的第一要求，从群众最盼望的事情做起、群众最不满意的地方改起、群众反映最强烈的问题抓起，统筹推进八个方面 55 件民生实事，让广大群众实实在在地感受到创建带来的新变化、新实惠，真正使创建的过程成为民生改善的过程。二是突出创建便民。文明城市测评体系中，涉及“窗口”行业服务以及群众对党政机关行政效能的满意度等多项指标。因此，各级党政机关要发挥表率作用，结合政府职能机构改革，在管理上突出依法、高效、简政放权，在服务上强调便利、为民、为基层，切实提高工作效率和服务水平。三是突出创建乐民。加快推进城乡文化体育设施建设，大力发展公益性文化体育事业，广泛开展内容丰富、形式多样的群众性文化活动，不断满足群众日益增长的文化需求。

三、全力以赴，打好创建攻坚战

创建全国文明城是一项庞大的社会系统工程，涉及内容多、时间长、范围广、要求高。县区各级各单位务必要高度重视，齐抓共管，合力推进，打好创建攻坚战、持久战。

1、目标同向。即紧扣全国文明城各项测评指标，按照省委关于城市治理能力的“十六字”标准要求，通过集中攻坚三年，推动“四级连跳”，全面提升城市功能和管理水平，提升社会文明程度和群众幸福指数，提升城市形象和综合竞争力，力争到2017年顺利通过创建验收，进入全国县级文明城市行列，努力把南昌县建设成为干干净净、漂漂亮亮、井然有序、和谐宜居的美丽家园。

2、行动同步。在工作要求、工作重点、工作关系上做到步调一致、协调有方。一是在工作标准上，确保做到“硬件不丢分、软件争高分、管理求满分、群众给好分”。创文测评标准实之又实、细之又细、严之又严，而且都是我们本职工作应该做的，只是按照规范化要求，标准提的更高一些，要求的更严格一些，在具体操作过程中更规范一些。这就要求我们必须要牢固树立“精品”意识，对照标准、拉升标杆，精益求精、尽善尽美，力求每一个部位都成为文明的窗口，而不留下“缺口”；每一个环节都成为创建的亮点，而不留下“污点”；每一位群众心中都树起形象的“口碑”，而不留下“口实”，真正以百分之百的工作来杜绝万分之一的失误。二是在工作重点上，着力推进基础设施大完善、环境卫生大整治、文明素养大提升、社会管理大优化“四大”工程。通过完善路网建设、水系整治、园林绿化、重大公共设施等，使基础设施满足创文要求。通过亮化、绿化、美化等环境卫生整治、长效管理，使市容市貌符合创文标准。通过从党员干部抓起、从具体生活习惯抓起，引导广大干部群众在社会做好公民、在单位做好职工、在家庭做好成员，做到人要文明礼貌、车要各行其道，执法要公平公道，让文明新风吹遍昌南大地。通过平安创建、法治建设、夯实基层，努力实现人与人、人与自然、人与社会和谐相处，打造共同的幸福家园。三是在工作关系上，正确把握好文明创建与加快发展的关系、聚焦城市与统筹城乡的关系、集中整治与长效管理的关系。强化以发展促创建、以创建促发展的认识，始终保持发展定力，确保发展的速度、质量和效益始终高于全省、全市平均水平，切实为创文奠定更为坚实的经济基础。要在全力聚焦县城及周边区域的基础上，突出以城带乡、镇村联动，统筹推进城乡基础设施和生态环境建设，不断改善城乡环境面貌，努力建设美丽昌南、美丽乡镇、美丽村庄。要牢固树立长期作战的思想，既要着眼当前，通过集中攻坚，使城市环境面貌在短期内得到迅速改观，又要立足长远，建立长效管理机制，逐步推动创建工作实现常态化、制度化、规范化。

3、责任同担。创建全国文明城，工作千头万绪，任务艰巨繁重。能否实现创建目标，主要取决于我们协同作战的能力和抓落实的水平。一是要强化“一把手”的首位责任。为加强对创建工作的领导，县里已经成立了一个指挥部、一个常务指挥部和10个分指挥部，副县级以上领导干部全员挂帅、全员上阵，可以说，重视程度之高、力度之大、决心之强前所未有。各级各单位特别是主要负责同志也要坚持把创建工作作为“一把手”工程，摆上重要议事日程，拿出足够精力，亲自组织，亲自动员，亲自部署，带头深入创建一线发现问题、解决问题、推动工作，示范推动本地本单位抓好各项创建任务的落实。二是要形成“一盘棋”的工作合力。创建全国文明城不是哪一个部门、哪一个单位能完成的事情，必须“同炒一盘菜，共抬一顶轿”。各级各单位要按照“宁可跨前一步交叉重叠，也不后退一步形成鸿沟”的要求，既各司其职，各负其责，又协同作战，合力攻坚，坚决杜绝推诿扯皮、挂空档等现象。

广大社区（村）要充分发挥文明创建的主阵地作用，既要把上级的决策部署贯彻落实好，又要积极反映人民群众的呼声和要求，充分调动群众参与创建的积极性和主动性。三是要构筑“一张网”的落实体系。县创建办要按照“谁主管、谁负责，谁丢分、谁负责”的原则，进一步健全责任分解机制，对创建每一项任务都要明确责任领导、责任部门和责任人员，切实做到事到人头、事有人做、分有人争。要加强对各项创建工作的督查指导，充分发挥社会监督、舆论监督的作用，确保每项任务、每个环节不打折扣、落实到位。要建立创建工作考核激励机制，对工作进展快、任务完成好的要给予表彰奖励，对落实不力、贻误工作、甚至影响到创建工作总体进展的要追究责任。

《30个数字看变化》

◎ 41 位百强排名演绎进位赶超“加速度”

◎ 48 位全国中小城市综合实力排名彰显城市魅力

◎ 559.4 亿元 GDP 擦亮“首”字金牌

◎ 90% 税收占比彰显经济发展质量

◎ 1000 亿元产业园区蓬勃崛起

◎ 11 个创新创业平台助力转型升级

◎ 30 亿产业基金撬动战略性新兴产业发展

◎ 271 亿元签约项目吹响招大引强号角

◎ 60% 项目淘汰率推动绿色集约发展

◎ 73.5 万平方米商业面积打造动感都市新圈

◎ 60 亿元电商交易做活“互联网经济”

◎ 16.82 平方公里向塘物流园蓄势待发

◎ 50 家金融机构聚集为全省县域之最

◎ 30 家上市企业引领县域经济发展

◎ 180 家建筑企业唱响“建筑之乡”品牌

◎ 9 万千瓦时工业用电量勾勒逆势上扬曲线

◎ 300 余项行政审批权下放便捷群众办事

◎ 328 万平米房屋征收拓宽发展空间

◎ 65 亿元投入打造现代综合新城

◎ 20 亿斤粮食总产量坐稳全国先进

◎ 89 万亩土地流转激发“三农”活力

◎ 118.9 亿元民生投入让百姓分享发展成果

◎ 8245 万元年投入打造“秀美乡村”

◎ 5.2 亿元建设绿色幸福家园

◎ 55 亿元促教育均衡发展

◎ 10 亿元水利建设投入润泽民生

◎ 6.2 万被征地农民享受城镇职工待遇

◎ 1.03 亿元推行国家基本药物制度全覆盖

◎ 1347 公里公交线路总长实现“村村通”

◎ 1020 个网格架起干群“连心桥”

◎ 41 位百强排名演绎进位赶超“加速度”

南昌县积极主动地把自身放置在全国的坐标系中去定位、去比拼。从 2011 年提出“拼争全国五十强县市”，自我加压践行全省县域经济领头羊的使命；到 2012 年提出“构建核心增长极的重要战略支点”“跻身全国五十强县市”，勇于担当打造核心增长极的重任，彰显进位赶超的决心；再到如今的创建全国县级文明城市，适应新常态，统筹推动经济社会同步发展，南昌县总是抓住每个时期和发展阶段的具体特点，以一个个立意高远又切实可行的奋斗目标，从而使县域发展始终保持在更快、更强、更高、更实的冲刺状态，引领了县域综合实力的超常规发展。在全国县域经济基本竞争力百强县排名中，南昌县从 2011 年的 82 位跃居至 2015 年的第 41 位，年均进位 10 位，四年跨越 41 位，晋级速度居全国百强县首列，成功演绎了进位赶超“加速度”。

◎ 48 位全国中小城市综合实力排名彰显城市魅力

2015 年南昌县在全国中小城市综合实力前 100 个县市中排第 48 位，在全国最具投资潜力中小城市前 100 个县市中排第 14 位，并荣获全国十佳“两型”中小城市称号，位居第 7 位。中小城市综合实力排名，拼的不仅仅是“经济指数”，更包括“社会指数”。近年来，南昌县在保持经济总量全省领跑、增幅处于百强县中上游区间、高于全省全市平均水平的增长态势下，坚持城乡统筹，民生普惠协调并进，坚持把新增财力的70%以上用于改善民生和政策性支出，社会事业全面繁荣，群众幸福指数不断攀升，城市魅力不断彰显。近年南昌县多次荣获“中国中小城市科学发展百强县”“中国最具区域带动力百强县”“中国最具投资潜力百强县”“全国十佳两型中小城市”等国家级名片。

◎ 559.4 亿元 GDP 擦亮“首”字金牌

截至今年三季度，全县地区生产总值完成 397.2 亿元，同比增长 10.1% 亿元；增速分别高出省（9.2%）、市（9.5%）平均水平 0. 9 个百分点和 0.6 个百分点，比去年同期提高 0.4 个百分点，分别较今年一季度和二季度提高 1.5 个百分点和 0.4 个百分点。四年来，面对复杂严峻的国内外经济形势和持续加大的经济下行压力，南昌县经济发展持续保持平稳较快的增长态势，地区生产总值（GDP）连续跨越 400 亿元、500 亿元台阶。至 2014 年末，全县地区生产总值（GDP）达到 559.4 亿元，是 2011 年的 1.5 倍，年均增速达 12.7%。全县产业结构得到不断优化，三次产业结构比由 2011 年的 10.5:66.2:23.3 调整到 2014 年末的 8.6:65.5:25.9，三产特色不断凸显，已经成为经济增长的主动力。经济总量的持续扩大，使得江西省首府首县的金字招牌擦得更亮。

◎ 90% 税收占比彰显经济发展质量

2011 年至 2014 年，南昌县财政总收入分别实现 45.5 亿元、60.5 亿元、72.7 亿元、87.3 亿元，增幅分别为 27.6%、33.0%、20.0%、20.2%；地方公共财政预算收入分别实现 25.9 亿元、35.4 亿元、45.6 亿元、52.4 亿元，增幅分别为 33.5%、36.7%、28.9%、15.0%，财政总收入连续跨越 60 亿元、70 亿元、80 亿元大关，地方公共财政预算收入不断突破 20 亿元、30 亿元、40 亿元、50 亿元。财政总收入和地方公共财政预算收入，连续五年雄居全省 100 个县市第一。 截至今年 10

月底，南昌县财政总收入完成 82.9 亿元，增长 18.3%；地方公共财政预算收入完成 48.6 亿元，增长 14.9%。在财政总收入中，税收收入占财政总收入比重保持在 90% 左右，工业税收比重接近 60%，税收质量走在全省前列，彰显了百强县实实在在的经济发展质量。

◎ 1000 亿元产业园区蓬勃崛起

2013 年以来，南昌县紧紧围绕打造核心增长极的大局，按照“一年有势头、两年有看头、三年有突破”的要求，坚定不移地实施工业主导战略，全力实施工业三年攻坚计划。把工业产业集群作为推动县域发展升级的主攻方向，围绕自身特色和错位发展，以“钉钉子”的精神持续用力，矢志不渝推动汽车及零部件、食品饮料、医药医器三大主导产业补短延长、集群发展。截止目前，全县规模以上工业企业发展到 274 家，较 2011 年新增 92 家，占全市 1/5。汽车及零部件产业已集聚江铃股份、江铃控股等 6 家整车生产企业及美国伟世通、江森自控、天纳克、上海宝钢等 145 家零部件企业，较 2011 年新增 65 家，成为全省汽车零部件企业最为齐全、最为集中的区域。产业的集聚集群释放出巨大的“磁铁效应”，小蓝经开区作为全县经济发展主战场的地位不断凸显，预计到 2015 年底主营业务收入和工业总产值将双双突破 1000 亿元，均比 2011 年增加 600 亿元。

◎ 11 个创新创业平台助力转型升级

南昌县（小蓝经开区）主动适应“双创”新趋势，强化创新、创业、创投、创客“四创”联动，吸引高校院所、高端企业、高级人才“三高”集聚，通过投融资对接、产学研合作等方式，先后搭建了小蓝创业园、小蓝孵化中心、丰溢创业园等创新平台 11 个。特别是依托省校合作战略，打造了融清华大学省校合作基地、小微企业创业创新基地、留学人员创业园、小蓝高科技孵化器“四位一体”的创新创业示范基地。目前已入驻北科生物、佑江精准基因、瑞因康生物、瑞能半导体、思比科微电子、德瑞光电等高新技术企业 20 家；与全国知名基金管理公司创东方集团合作设立的全省首家县域创业投资基金，目前已投资分享时代等高科技或高附加值企业10个；与中科院纳米所达成战略合作框架协议，在小蓝经开区设立科技成果转化基地，帮助地方企业破解技术难题，填补了江西没有中字头科研机构的空白，初步构建了“产业基金＋产业平台＋高端人才”的创新创业孵化体系。今年前三季度，全县高新技术企业倍增至38家，高新技术产业增加值增长24.4%，专利申请量和授权量分别增长91.9%和94.9%，省级以上知名商标达到104件，总量位居全省县（市）第二。

◎ 30亿产业基金撬动战略性新兴产业发展

在做大做强主导产业的同时，南昌县坚持未雨绸缪，在产业升级上谋篇布局，积极寻找新的增长点，将发展目光瞄准集成电路、新能源、新材料等战略性新兴产业的引进，以推动传统制造业向新兴产业转型升级。为解决资金难题，在省、市支持下，南昌县与央企中建投合作，设立了全省首家30亿元的集成电路产业基金。目前，该基金已经开始发力，成功并购全球前十大半导体公司恩智浦射频识别项目，思比科微电子、麦哲科技等业内领先企业导入已落户小蓝经开区，还有一批集成电路项目正在洽谈中，开辟了产业发展的新路径。下一步，南昌县将以设计环节为突破点，推动集成电路产业在小蓝破题建局、落地生根，为全省集成电路产业发展打开一个切入口，打造中部地区乃至全国具有影响力的集成电路产业科技园。

◎ 271亿元签约项目吹响招大引强号角

南昌县紧紧抓住招商引资这个经济发展的“牛鼻子”，坚持把招商引资作为一号工程来抓，积极实施招大引强，不断加大走出去、引进来的频率和力度，综合运用产业招商、精准招商、补位招商、补链招商等手段，着力引进一批符合主导产业的优势企业和战略性新兴产业项目，为县区发展升级、产业升级注入新的生机与活力，形成了年均引进10亿元以上工业项目总额超百亿元，年均竣工工业项目超30个的滚动发展态势。今年前三季度，全县共签约项目 34 个，签约资金达 271 亿元。其中亿元以上项目 33 个，10 亿元以上项目 9 个，展现出坚实的发展后劲。全县实际利用外资由 2011 年的 3.5 亿美元增加到 2014 年的 5.3 亿美元，年均增长 14%；实际利用内资由 2011 年的 85.1 亿元增加到 2014 年的 136.9 亿元，年均增长 16.6%；外贸出口由 2011 年的 6.6 亿美元增加到 2014 年的 11.5 亿美元，年均增长 27.9%。

◎ 60% 项目淘汰率推动绿色集约发展

南昌县始终追求实实在在、没有水分的增长，注重发展入园企业的质量和效益。从 2011 年起在江西省率先出台了招商引资项目落户专家评审机制，严格投资强度、建设进度、税收贡献度，严守“6、8、10”亩均税收政策，洽谈意向项目淘汰率近 60%，在源头上推动了产业升级。目前，小蓝经开区亩均产值超 330 万元，亩均税收突破 13.3 万元，拥有 38 家高新技术企业、1000 余件专利、66 件省级以上驰名商标、名牌产品；搭建了科技、人才、融资、物流等平台，拥有 3 个涉及汽车、医药、电子信息的国家级技术中心和 9 个省级工程技术中心；拒绝、清理搬迁了武藏野等 200 多家污染超标企业，建设了江西省第一个工业污水处理厂，投入亿元实施了“清水绿带”工程，启动了雄溪河综合治理及景观提升改造工程，走出了一条工业发展和生态保护有机结合的绿色崛起之路。

◎ 73.5 万平方米商业面积打造动感都市新圈

近年来，立足于县、市无缝对接的发展趋势，围绕建设现代化综合新城目标，南昌县深入推进“产城融合”，全面提升传统服务业，大力发展生产性服务业，加大省级现代服务业集聚区和省级服务业龙头企业创建力度，不断提高第三产业比重。商业面积从 2011 年的 18 万平方米增至 2015 年的 73.5 万平方米，世界 500 强法国欧尚、沃尔玛、新洪城大市场、月星家居、盛汇广场、寅武广场等一大批市场货城市综合体相聚建成，2015 年实现服务业投资突破 332 亿元，服务业营业收入累计突破 615 亿元，社会消费品零售总额完成 125 亿元。一座新的都市商圈正在形成。

◎ 60 亿元电商交易做活“互联网经济”

近年来，南昌县积极抓住国家、省、市大力发展电子商务的契机，加大服务对接力度，重点培育园区电子商务新兴战略性产业，引导企业通过自建网站、加入第三方销售平台等方式，在网络上“吆喝”产品，促进企业转型升级，提升市场竞争力。重点打造了以瓷肌为龙头的电子商务产业园，着力培育了江铃汽车、绿滋肴、瓷肌、洪大、纳百川等 5 个线上交易平台，打造了首个电子商务孵化基地——昆腾电子商务孵化基地，实现了线上线下双轮驱动发展。目前，全县有电子商务企业共 42 家，其中规模以上企业 13 家，2015 年前三季全县电子商务总交易额接近 60 亿元。

◎ 16.82 平方公里向塘物流园蓄势待发

南昌县借助区位优势和交通优势，以及“一带一路”发展战略实施带给物流业的发展机遇，加快了向塘物流园区的建设，围绕加快形成物流产业集群抓招商，大力引进 4A、5A 级先进物流企业，努力将向塘打造成国家级铁路——公路枢纽型综合物流园区。物流园总规划面积为 16.82 平方公里，目前，园区设施日益完善，基本形成了园区“三纵两横”的路网格局，平安物流、招商局物流、向塘铁路货场、赣电物流等项目正在有序推进中。亚洲最大的工业及物流基础设施供应商和服务商普洛斯、行业的领先物流平台整合运营商传化公路港物流、国际物流园开发商和运营商宝湾物流等企业也将目光聚焦向塘。向塘物流园将成为中部地区通江达海的桥头堡，南昌对接“一带一路”的急先锋。

◎ 50 家金融机构聚集为全省县域之最

为鼓励支持银行业金融机构落户县域，南昌县制定了《关于鼓励金融机构支持县域经济发展试行办法》，规定在南昌县新设注册资金 5000 万元（含）以上或新设县级分支机构的法人金融机构、商业银行，由县财政一次性给予奖励。法人机构奖励100万元，分支机构奖励50万元。自开业以后产生税收年度起三年内，由受益财政按地方所得部分全额奖励企业，第四至第七年按比上年增长部分的50%奖励企业。良好的金融环境和广阔的市场空间吸引着各大金融机构纷纷入驻。南昌县已构成了以22家银行机构为主，16家保险公司，3家证券公司，5家小额贷款公司，2家担保公司，2家基金公司为辅的金融机构体系，成为全省金融机构最集中的县域。截止2015年10月底，全县存款余额494.22亿元，较2013年同期增长了31%，主要金融机构税收达2.18亿元，超2013年全年水平。

◎ 30家上市企业引领县域经济发展

南昌县高度重视企业上市工作，积极扶持优质企业通过上市做强、做大、做优，促进县域经济又好又快发展。目前，全县聚集了上市企业近30家，其中本土上市企业有煌上煌、三鑫医疗、人之初、天佳生物、大麦互娱等5家。拟上市企业有飞尚科技、汇仁药业、绿滋肴、国鸿集团等9家，拟挂牌新三板企业有顺景科技、广泰传媒、鄱阳湖农牧渔等9家。为了支持企业上市，南昌县制定了《促进企业改制上市工作意见》，为企业提供“保姆式”的一条龙服务，设立了“企业上市发展专项资金”，县财政每年安排500万元用于扶持企业改制上市；不断优化金融服务，通过开展企业金融增值服务活动，强化企业资本意识，鼓励扶持企业通过境内外上市、挂牌“新三板”、引进PE、VC等各种直接融资模式进行股权融资；积极引导创东方、集成电路两支基金对小蓝经开区汽车及零部件、集成电路、生物医药等产业进行股权投资。

◎ 180家建筑企业唱响“建筑之乡”品牌

针对全县建筑企业多而散、规模小、实力不强现状，南昌县出台了建筑业发展扶持政策，启动建设了集总部基地、人才培训、生产销售及研发、设计、咨询、监理等为一体的千亿建筑科技产业园，打响由

“建筑大县”向“建筑强县”进军的战役。全县建筑业总产值从2010年90亿元增长到2014年的580亿元，占全省总量1/6，年均增幅达到18%以上；建筑企业从2011年的47家发展到2015年的180家，占全省1/8。其中：特级企业1家、一级企业43家，二级企业55家；相关从业人员近15万人，占全县社会总劳动力的1/5；总产值近700亿元，占全省1/6；先后荣获中国建设工程最高奖—鲁班奖3项、省部优工程600多项；业务涵盖房建、市政、路桥、港口、航道、水利、钢构、电力、园林等各个领域，市场遍布全国，并逐步向美国、阿富汗、印度尼西亚等国家拓展。被建设部评为“中国建筑之乡”。

◎ 9万千瓦时工业用电量勾勒逆势上扬曲线

工业用电量是工业经济发展的有力指标，是衡量经济运行的“晴雨表”“风向标”。近年来，在全省工业电量增幅下滑的背景下，南昌县却显示了逆势上扬的曲线。从2011年至2014年，全县工业用量分别为5.7、6.4、8.0、9.0万千瓦时，年均增幅均保持两位数，增幅分别为16.47%、12.25%、24.71%、12.68%。用电量连续四年全省第一。尤其是在2015年，受水泥等建材用电大户用电下降幅度较快的影响下，全县用电量仍保持增长趋势，凸显出南昌县工业发展的强劲态势和经济发展实力。

◎ 300余项行政审批权下放便捷群众办事

南昌县以“服务经济、服务发展、服务群众、公开透明”为导向，积极推行政府权力清单、责任清单、市场准入清单和政府服务网“三单一网”行政审批制度改革工作。“三单一网”建设有序推进，政府权力清单和全县便民服务事项目录正式对外公布，政府部门绩效管理试点取得初步成效；加大简政放权力度，县本级精简行政审批事项108项，推进“三证合一”改革试点，全县新登记注册市场主体增长21%，创新推出行政审批与技术审查相分离制度；不断深化投融资体制改革，积极探索政府和社会资本合作的PPP模式。截至目前，全县已下放行政审批权300余项。县本级精简行政审批事项36%，单项平均办理时限压缩率为55.2%。基本实现了“群众办事不出村、民生事项不出乡、投资事项不出县”的行政审批目标，各项改革有序推进。

◎ 328万平米房屋征收拓宽发展空间

为解决土地空间对发展的制约，南昌县始终把房屋征收作为最大的发展工程、最大的民生工程，2012年5月在全市率先启动房屋大征收工作，连续三年每年均实现了征收超百万平方米的工作目标。截至2015年底，全县共征收房屋328万平方米，腾出发展用地3.28万亩。南昌县房屋征收突出民生为本，建立了以基本养老、还建安置、就业创业、产业用地为主体的“四重保障”，累计投入60多亿元推进了三批共290万平方米的安置房建设，安置房建设做到了规划选址在核心区，品质不低于商品房，社区物业用房、幼儿园、医务室、地下停车场、园林景观、安防监控、农贸市场、运动场所、来年活动中心、垃圾收集站、商业等配套一应俱全。

◎ 65亿元投入打造现代综合新城

近年来，南昌县围绕“打造与南昌主城区基础设施一体化、功能定位错位化的现代化综合新城”目标，坚持依托大南昌、服务大南昌、接轨大南昌，从城市的交通、规模、品位等方面无缝对接南昌主城区，主动融入南昌大都市圈。坚持把莲塘核心区、小蓝经济开发区、象湖新城区和向塘商贸物流区统一规划、统筹建设、统一管理，促进四位一体、互动发展。2011-2015年，全县启动了总投资65亿元的9大主干道提升改造、34条城区路网和14项环境景观工程建设，澄湖北大道东拓、芳华路等项目竣工，金沙大道、澄碧湖北苑广场、东莲路市民公园等绿化项目全面完成，雄溪河综合治理清淤工程进展顺利，昌南体育中心、迎富大道等项目加快推进。城市建成区面积扩展到近60平方公里，超过省内部分设区市规模，现代化综合新城呈现雏形。

◎ 20亿斤粮食总产量坐稳全国先进

作为全国粮食首批粮食生产基地，南昌县在推动新型工业大发展的同时，坚持作为国家粮食主产区地位和肩负国家粮食安全责任“两个不动摇”，坚持工业反哺农业，设立了农业产业化专项资金，面向粮食、良种猪两大主导传统产业及养鸭、蔬菜、特殊水产、苗木等四个特色优势产业，扶持粮食生产大户、种养殖基地、农业专业合作社，促进全县农业走向规模化、机械化、信息化等现代化新路。出台了一系列惠农政策，不断加大政策性水稻保险补贴力度，在全省率先推出水稻种植商业性保险，全面取消了赣抚平原灌区农田灌溉水费，实施了富民强县专项行动计划续建项目——绿色大米产业化工程，农民种粮积极性不断提高。2015年。全县粮食播种面积达200万亩，粮食总产量超20亿斤，连续五年迈入20亿斤产粮大县的行列，连续十一年荣膺国务院表彰的全国粮食生产先进县。

◎ 89万亩土地流转激发“三农”活力

为加快推进农村土地流转，发展适度规模经营。2014年1月，南昌县成立了全省首家农村土地流转交易中心，并启动了全县13个乡镇农村土地流转交易市场建设工作。目前全县已形成服务县、乡、村三级农村土地流转交易市场网络。为引导激励农村土地承包经营权流转，南昌县出台了《南昌县农业产业化专项资金奖补办法》，加强对流转期限较长的经营主体的奖补；成立了全省首家县级农业产业化政府融资平台——南昌县现代农业投资公司，开展担保、融资、参股等业务，至今已为涉农企业和基地融资6亿多元。制定了《土地流转实施意见》，全力推进全县10个农业乡镇千亩规模化土地流转工作。据统计，全县流转土地面积由2011年的9.8万亩增加到2015年的35.5万亩，近五年累积流转土地89万亩。

◎ 118.9亿元民生投入让百姓分享发展成果

发展依靠人民、发展为了人民、发展成果由人民共享。南昌县始终坚持将改善民生与发展经济摆在同等重要位置，按照“百姓点菜、政府买单”的原则，积极回应群众“碎片化、多样化”的民生需求，真正把民生工程办成了民心工程。从2011年至2015年，南昌县共筹集财政性资金约118.9亿元用于民生工程和民生实事的实施，让百姓分享经济发展成果，财政“蛋糕”划分更趋向民生。

◎ 8245万元年投入打造“秀美乡村”

2014年10月，南昌县按照城乡发展一体化及和谐秀美乡村建设“五美四和谐”的总体要求，以“减量化、资源化、无害化”为工作目标，以“县里主导、乡镇主体、部门支持、社会资助、村组主抓、村民参与”为工作模式，按照“户集、村收、乡镇压缩转运、县里奖补”的工作流程，启动了农村清洁工程全面覆盖工作，开展了以“秀美乡村、清洁家园”为主题的农村环境卫生综合治理，深入推进道路清洁、集镇清洁、村庄清洁、景点清洁、田园清洁、水源清洁的“六洁”行动，努力营造整洁、优美、文明、和谐的农村人居环境，打造和谐乡村、洁净家园。通过实施奖补措施，建立农村环境整治长效机制。截止目前，南昌县已经拨付奖补资金8245.5万元，其中，设施设备建设购置及运行奖补4178.7万元，保洁员工资补贴1810万元，垃圾收集奖补1102万元，垃圾清运奖补203万元，清理陈年垃圾奖补822.9万元，县乡主干道奖补42.9万元，污水处理86万元。通过一年的工作，全县农村环境卫生面貌发生了根本性改变，“干干净净、漂漂亮亮、井然有序、和谐宜居”的社会主义新农村正逐步形成。

◎ 5.2亿元建设绿色幸福家园

自创建国家森林城市以来，南昌县不断加大森林城市绿化投入。五年来共投入资金5.2亿元，在城区开展了“园林化单位”“园林化小区”“园林化企业”“园林化校园”等创评活动和县城绿地“认建认养”“重要节点部位盆景花卉展摆”活动，在农村开展了“生态乡镇”建设、“千万树木进千村”、房前屋后植树等活动，在全县形成了“人人参与创建、全民齐抓共创”的良好氛围。据统计，2009-2014 年度南昌县“森林城乡、花园南昌”工程建设共完成造林绿化 20.82 万亩，全县森林覆盖率为 22.52%。县城建成区绿地面积 1469.95 公顷，公园绿地面积 206.48 公顷，城市绿化覆盖率 45.7%，绿地率 40.95%，人均公共绿地面积达到 12.44 平方米，城区乔木种植达到 63.1%，城区道路树冠覆盖率 26.4%，城区地面停车场绿化乔木树冠覆盖达到 32%。

◎ 55 亿元促教育均衡发展

“崇文重教，薪火相传”。南昌县始终坚持把教育摆在优先发展战略地位，按照“优先发展、育人为本、改革创新、促进公平、提高质量”的工作方针，努力办好人民满意的教育。科学规划县域内教育网点布局，逐年加大教育投入，均衡配置教育资源，使教育的发展与经济社会发展同步，构建了与“首府首县”相适应的现代教育新格局。2011 年至 2015 年，南昌县财政性教育经费支出累计达 55 亿元。全县新建中小学校 7 所，建设教师周转房 610 套，新建、改造面积 59.75 万平方米。先后荣获“全国教育先进县”“全国基础教育先进县”“全国‘两基’教育工作先进县”“全国幼儿教育先进县”“全省危房改造先进县”“全省教育工作先进县”“全国特殊教育先进县”“全省群众体育先进单位”等荣誉。

◎ 10 亿元水利建设投入润泽民生

南昌县坚持“治水兴水、润泽民生”的理念，主动联系群众，凝集力量，攻坚克难，兴水利、除水害，实现连续 30 多年“无汛事”。“十二五”期间，累计争取投入 10 亿多元，用于外洪堤防整治加固、大型泵站改造、堤坝道路硬化、排涝沟渠清淤整理等防洪、排涝和灌溉工程，建成了一个集防洪、排涝、灌溉和城市供水为一体的水利工程网络。如今，全县 15 座外洪圩堤防洪标准全部达 20 年一遇，赣东大堤、抚西大堤两座特等堤已达可防 50 年一遇标准。通过多年建设，全县现已建有大型泵站 7 座，中型泵站 15 座，30 千瓦以上小型机电排灌站 408 座，总装机容量 8.06 万千瓦；渠道 333 公里，小型水库 15 座，总集雨面积 13.745 平方公里，总库容 771.9 万立方米。

◎ 6.2 万被征地农民享受城镇职工待遇

被征地农民的养老保障是重要的民生问题。为切实解决被征地农民的后顾之忧，促进社会和谐稳定，在历经 3 年调研的基础上，2012 年 4 月，南昌县在全省率先启动了失地农民养老保险试点工作，计划 5 年投入 12 亿元，以与城镇企业职工相同的待遇，解决被征地农民的养老保险问题。截止今年 2015 年 10 月底，南昌县共计投入配套财政资金 8.0896 亿元，为全县共计 62281 位被征地农民购买了城镇职工养老保险，共有 15989 人已经开始享受城镇职工养老保险退休待遇，每月人均可以领取 1420 元的“退休金”。于此同时，该县还配套下发《南昌县失地农民就业援助办法》，投入 8000 余万元用于失地农民就业援助。失地农民自主创业的，政府给予创业补贴资金，每户每年 3000 元，补贴 3 年；用人单位吸纳失地农民就业，按规定给予 3 年期的岗位补贴和社保补贴；为失地农民免费办理求职登记、就业培训、职业指导等，切实解决被征地农民的后顾之忧。

◎ 1.03 亿元推行国家基本药物制度全覆盖

为切实降低农民就医费用，南昌县 2010 年启动村卫生室实施国家基本药物制度工作，2012 年全市率先实现全覆盖。南昌县不断加大对农村医疗卫生机构实施国家基本药物制度的投入，2010 年共投入 450 万元，2015 年投入增加到 1860 万元，比 2010 年增加 313 %。特别是 263 个村卫生室在严格执行省级补偿政策的基础上，县财政按每人每月 500 元的标准增加乡村医生绩效工资，全县每年增加投入 580 万元。自 2010 年基层医疗机构实施国家基本药物制度以来南昌县积累计投入 1.03 亿元，极大地让利于民、缓解群众看病贵的问题。

◎ 1347 公里公交线路总长实现“村村通”

近年来，南昌县充分发挥毗邻省会城市的区位优势，大力发展镇村公交，推进新农村和新型城镇化建设，促进城乡交通基本公共服务均等化。据了解，2015年南昌县境内公交线路达68条，线路总长度1347公里，比2011年增加404公里；投入车辆623台，日运营班次2493班，比2011年增加748班；日均客运量27万人次，比2011年增加8万人次。公交覆盖了全县263个行政村，实现了“公交村村通”。在不断优化调整境内公交线路的同时，南昌县还积极与公交总公司对接，按照每条公交线路补助20万元的方式，推动开辟偏远地区公交线路，进一步实现公交“无死角”。

◎ 1020个网格架起干群“连心桥”

今年5月，南昌县正式启动创新社会治理网格化工作，全县一盘棋，织就一张社会治理的系统化、科学化“大网”，布局1020个社会化管理网格，将46名县区领导、60家职能单位、1225名县直机关干部、5000余名镇村干部“下放”到网格中，架起干群连心桥，赢得群众称赞。截止12月底，全县共开展29个驻点日活动，接待、走访群众96104人次，收集问题12131个，已解决问题11146个，办结率为91.9%。